Anonymus

Die neuesten Arbeiten des Spartacus und Philo in dem Illuminaten-Orden

Anonymus

Die neuesten Arbeiten des Spartacus und Philo in dem Illuminaten-Orden

ISBN/EAN: 9783743307568

Hergestellt in Europa, USA, Kanada, Australien, Japan

Cover: Foto ©Thomas Meinert / pixelio.de

Manufactured and distributed by brebook publishing software (www.brebook.com)

Anonymus

Die neuesten Arbeiten des Spartacus und Philo in dem Illuminaten-Orden

Die neuesten Arbeiten
des
Spartacus und Philo
in
dem Illuminaten-Orden

jetzt zum erstenmal gedruckt,

und

zur Beherzigung bey gegenwärtigen Zeitläuften

herausgegeben.

Vorrede.

Die Absicht bey der Herausgabe dieser hier mitgetheilten höhern Grade der Illuminaten ist nicht, die Neugierde des Publicums, das sie noch nicht gedruckt gelesen hat, zu befriedigen, sondern dasselbe auf die darin enthaltnen, den Völkern wie den Fürsten gleich gefährlichen Grundsätze dieser vorgeblichen Welt-Reformatoren, im Grunde aber herrschsüchtigen Welt-Umwälzer, aufmerksam zu machen. Dieses ist bey den gegenwärtigen Zeitläuften um so nöthiger, je gewisser so manche Leute aus allen ihren Kräften bemüht sind, die in diesen Graden aufgestellte verfängliche Theorie in Ausübung zu bringen, alle geheiligte Bande der Menschheit zu zerreißen, friedliche Bürger durch Schimären von allgemeiner Freyheit und Gleichheit gegen ihre gute Obrigkeit zu empören, Staatsverfassungen, bey welchen, ungeachtet der allen menschlichen Anstalten anklebenden Unvollkommenheiten, die Völker möglichst glücklich waren, umzustürzen, die Sitten zu vergiften, alle Religion auszurotten und alle

alle mögliche Greuel der Verwüstung über ehemals gesegnete Gegenden herbeyzuführen.

Das Publicum sahe hier die letzte und vornehmste Quelle, aus welcher alle die bisherigen Unruhen und Zerrüttungen geflossen sind. Hätten die im Finstern schleichenden Verbündeten nicht die unselige Geschicklichkeit gehabt, sich vor rechtschafnen Staatsbürgern zu verbergen, Minister und Regenten einzuschläfern, und dadurch von Gegenanstalten zur rechten Zeit abzuhalten, und dagegen ihre verderblichen Grundsätze, sowohl durch Schriften ohne Zahl, als auch vornemlich durch Unterredungen und durch Gesellschaften mancherley Art und unter mancherley Masken, ungehindert unter alle Klassen von Leuten zu bringen: so wäre die Welt noch ruhig, und die Verbesserungen, die von Zeit zu Zeit nöthig seyn dürften, würden ordnungsmäßig gesucht, und eben so nach Möglichkeit bewilligt worden seyn; so hätten die Unruhstifter nachher, als sie sich zum Theil öffentlich zeigten, nicht so vielen Eingang gefunden; so wären die Rheinländer von Verräthern, von der Verführung durch tolle Vorspiegelungen, von erkünstelten oder auch erzwungnen Empörungen gegen ihre rechtmäßigen Obrigkeiten, und von allen denen hiermit verbundnen Abscheulichkeiten frey geblieben; so hätte selbst Frankreich das Glück gehabt,

habt, die Abschaffung der dort herrschenden Miß=
bräuche zu erhalten, ohne in das schauderhafteste
und noch nie gesehene Elend gestürzt zu werden:

Trojaque nunc staret, Priamique arx alta maneret!

Man lese den in der Wiener Zeitschrift *) so
betittelten wichtigen Aufschluß über eine noch
wenig bekannte Veranlassung der Französischen
Revolution; und urtheile! denen zu gefallen, welchen
dieses Journal, das die Verbündeten auf alle Art
zu unterdrücken suchen, noch nicht zu Gesicht gekom=
men seyn mag, habe ich den folgenden Auszug bey=
gefügt, in der Ueberzeugung, daß derselbe hier an
der rechten Stelle stehe. Wer das ließt, der merke
darauf!

Der ungenannte Verfasser dieses Aufsatzes, wel=
cher dem Herausgeber der gedachten Zeitschrift von
zuverläßiger Hand, wie er sagt, mitgetheilt worden,
spricht zuerst von den bekannten Ursachen dieser bey=
spiellosen Revolution, und setzt dieselben theils in
dem Elend des Volks, den ungeheuern Erpressungen,
dem Verfall der Finanzen, dem Druck der Despotie,
dem Ministerial= und Adels=Despotismus; theils
in der falschen Aufklärung und der öffentlichen Her=
abwürdigung der Religion und Tugend, vornemlich
in

*) Jahrgang 1793. 2. Heft. S. 145. u. f.

in Schriften. Hierauf kömmt er auf eine dritte, bißher noch nicht bekannte Ursache, welche er in der Einmischung Deutscher Illuminaten findet, wodurch die ganze Maschine den Hauptstoß zur Bewegung erhalten habe. Es verlohnt sich der Mühe, seine eigne Worte hierüber anher zu setzen.

„ Ob indessen die Französische Revolution durch jene Staatskrankheit, und das durch eine üble Richtung der Literatur angerichtete Verderben der Religion und Sitten sobald zu Stande gekommen wäre (und daß sie zu frühe und übereilt ausgebrochen, und einer unzeitigen Geburt gleich ist, gestehen schon viele ihrer vormahligen eifrigsten Bewunderer ein) wenn nicht ein Drittes hinzu gekommen wäre, das sie eigentlich zum Ausbruch gebracht? dieß bezweifle ich sehr. Und dieses Tertium interveniens? hier ist es, so unwahrscheinlich und unglaublich es manchem dünken wird, und so sehr auch aus ganz guten Gründen es manche geradezu ableugnen werden.

„ Vermuthlich werden die Leser dieses Aufsatzes sich noch aus der Berlinischen Monatsschrift von 1785 einer Freymaurer-Parthey erinnern, an deren Spitze damals die Herrn Martin, Willermoz, Chappes de la Henriere, und andre stunden, und welche den Nahmen der Philaleten Chevaliers bienfaisans,

und

und auch denjenigen des Amis reunis führte. Das schwärmerische System dieser Parthey kan man aus den Büchern des Erreurs etc. kennen lernen, und Mercier sagt im Tableau de Paris, daß junge Schwindelköpfe demselben angehangen. Im Jahr 1788. gieng in dieser Loge des Amis reunis eine große Veränderung vor, durch welche die Anhänger derselben aus Philalethen in Philopseuden, aus Chevaliers bienfaisants in Chevaliers malfaisants, aus Amis reunis in Ennemis reunis verwandelt wurden. Zween Deutsche, die unter den Illuminaten ansehnliche Stellen bekleideten, und ganz für das ungeheure Project ihres Ordens eingenommen waren, durch eine vorzunehmende Weltreformation der bisherigen Religions- und Staats-Verfassung eine andere Gestalt zu geben, Fürsten und Pfaffen, als die eigentlichen Bösen entbehrlich zu machen und abzuschaffen, die natürliche und allgemeine Gleichheit unter den Menschen herzustellen, und statt des Christenthums eine philosophische Religion einzuführen, kamen ungefähr um diese Zeit nach Paris. Die eigentliche Absicht ihrer Reise dahin war, wegen des Magnetismus, der damals viel Lärm machte, Nachrichten einzuziehen: vielleicht mochten sie auch den Auftrag haben, sich nach den Verhältnissen zu erkundigen, in welchen, wie man noch damals auf Veranlassung der Berlinischen Monatsschrift hin und wieder

wieder glaubte, die Jesuiten mit den Freymaurern, und vorzüglich denen, die sich Amis reunis nannten, stehen sollten, und etwas aufzusuchen, was zur Bestärkung jener schon wankenden Hypothese dienen könnte.

Wer den mehr als fanatischen Proselytenmacher-Geist des Illuminatismus kennt, wird es nicht befremdend finden, daß diese beyden Männer, als eifrige Illuminaten, die Gelegenheit genutzt, die sich ihnen darbot, ihr System auch auswärtig zu verbreiten. Da die Loge des Amis reunis Alles sammelte, was von andern Freymaurer-Systemen nur in der Welt aufzutreiben war, so war schon dadurch dem Illuminatismus der Weg in dieselbe gebahnt. Es währte nun auch nicht lange, so ward diese Loge nebst allen die von ihr abhiengen, mit dem Illuminatismus imprägnirt. Ganz als weggewischt war nun das bisherige System derselben, so daß auch von dieser Zeit an der Nahme der Philaleten so ganz verschwunden ist, als ob er nie gewesen wäre, und an die Stelle der vormahligen kabbalistisch-magischen Schwärmerey tratt nunmehr die philosophisch-politische.

Diese ungeheure Metamorphose ist Bestättigung des bekannten Grundsatzes, daß der Schritt von einem Extrem zum andern der kürzeste ist. In einer jeden dieser so umgewandelten Logen entstand nun

ein

ein Comité politique, das ganz damit beschäftigt war, Maasregeln zu ergreifen, um den großen Plan (le grand Oeuvre) einer allgemeinen Religions- und Staats-Umwälzung ausführen zu können. Zu diesen Comités politiques gehörten *La Fayette*, *Condorcet*, *Pethion*, *Mirabeau*, *Paine*, *Monsieur l'Egalité* und andere, kurz die vornehmsten Häupter der Revolution; und in denselben ward der Plan gemacht und durch die äußern Werkzeuge ausgeführt, der so unsäglich vieles Unglück im Gefolge gehabt, dessen Ende wir noch nicht absehen. Wäre von dieser Seite nicht der letzte und kräftigste Stoß gegeben worden, schwerlich würde die Revolution, so sehr sie auch durch jene beyden zuerst angeführten Umstände vorbereitet war, schon in Frankreich ausgebrochen seyn.

Nicht die Franzosen sind die Erfinder dieses großen Entwurfes, die Welt umzukehren, diese Ehre kommt den Deutschen zu. Den Franzosen gehört die Ehre, daß sie mit der Ausführung den Anfang gemacht und was damit im Gefolge, und wie ihre Geschichte zeigt, ganz im Genie dieses Volks war, Kopf abschneiden, Intriguiren, Morden, Sengen und Brennen, und — Menschenfleisch fressen. Aus den in Deutschland entstandenen, und noch ganz und gar nicht verloschnen, sondern nur verborgen und um desto gefährlicher sein Wesen treibenden Illuminatismus sind die Comités politiques entstanden, die dem Jacobiner-Club sein Daseyn gegeben.

Sollten manche, die dazu ihre guten Gründe haben mögen, dieses für unwahr erklären; so würden sie wohl thun, uns zu erklären, woher die große Uebereinstimmung komme, die zwischen dem Jacobinismus und Illuminatismus nicht nur in Grundsätzen, sondern auch sogar in gewissen äussern Dingen angetroffen wird, als da in ihren Clubs diejenigen, die reden wollen, nach Freymaurer-Art ums Wort bitten, wenn zwischen dem Jakobinismus und der durch Illuminatismus verunstalteten Maurerey gar keine Verbindung ist? Alle andere Revolutionen in der Welt haben nur blos auf das Reich Bezug genommen, worinn sie entstanden sind: diese hat die Umwälzung der ganzen Welt zum Augenmerk. Ist das blos Character der Franzosen, uns wie vormahls ihre Moden, nun auch ihre Freyheit zu schenken; oder ists nicht vielmehr Ausführung des Plans einer allgemeinen Welt-Umkehrung, den der Illuminatismus zuerst ausgeheckt? Woher kommts, daß das ewige Lied der Jakobiner von allgemeiner Freyheit und Gleichheit, von Abschaffung der Könige und Fürsten als der kleinen Tyrannen, und ihre gewalt-

waltsame Unterdrückung der Priesterschaft, und
alle Schritte zur Vertilgung des Christenthums und
Einführung einer philosophischen Religion, wobey
einem jeden Mauvillons, eines bekannten Illuminaten Aeußerungen über das Christenthum, und
diejenigen die Knigge, Campe, und andere über
Staat und Religion vorgetragen, einfallen; woher
kommts, sage ich, daß dieses alles mit dem, was
man in den Originalschriften der Illuminaten
findet, so genau übereinstimmt, wenn keine Verbindung unter beyden ist: woher hat der Jakobinismus allenthalben auch in den entferntesten Gegenden so viele Anhänger; und wie ist es zu erklären,
daß dieses gerade solche sind, die mit dem Illuminatismus, so weit man nachspüren kan, in gewissen
Verhältnissen gestanden? Das: les beaux genies se
rencontrent! ist nicht genug zur Beantwortung."

„Ob es übrigens der Mühe werth sey und
wichtig und nothwendig, daß Fürsten und Obrigkeiten aller Arten auf alle geheime Associationen,
und sollten sie auch nur blos als Lesegesellschaften
existiren, oder sich den unschuldigen Namen eines
litterarischen Zirkels geben, und also eine gewisse Publicität affectiren, ein wachsames Auge zu
haben, will ich jedem zu beurtheilen anheim stellen.
Außerdem, daß die Regenten die große Verpflich-
tung

tung haben, das Eigenthum ihrer Unterthanen zu beschützen; und das Kostbarste ist ihre Religion und bürgerliche Ruhe, und sie gegen heimliche Meuchler zu sichern, hat die Französische Revolution und die Geschichte der Uebergabe von Mainz an die Franzosen leider! zu sehr bestärkt, was in der Französischen Uebersetzung der geheimen Briefe über die Preußische Staatsverfassung in der Vorrede gesagt ist: Ce n'est pas une ligue impuissante, qu'une Conjuration des Philosophes armés pour (contre hätte es aufrichtiger heissen sollen) la vérité.

„Mir ist's genug, diese wichtige Sache in Anregung gebracht zu haben, und ich schließe damit, daß ich sage:

Dixi et salvavi animam meam!"

ILLVMINATI
Dritte Klasse

I. Kleine Mysterien.

A. Kleiner Priestergrad. Presbyter.

Nachstehende Abschrift ist mit einem von den Erl. Obern documentirten und besiegelten Exemplare vollkommen gleichlautend, welches hiermit durch Vordrückung des Siegels der zweiten Deutschen National-Inspection bekräftiget wird. Edeßa 1152. Jezdedj.

Philo.

(L. S.)

Einleitung.

Wenn ein Schottischer Ritter in diesen Grad des höbern Ordens aufgenommen werden soll, so muß derselbe

1) als Minerval gezeigt haben, daß er sich derjenigen Wissenschaft, welche er sich zu seinem Lieblingsfach gewählt, mit Ernst gewidmet, und in derselben keine gemeine Fortschritte gemacht habe, als worüber er Proben ablegen, und eine Aufgabe beantworten muß.

2) Muß er sich in den folgenden maurerischen Graden den Beyfall seiner Vorgesetzten erworben, folglich

a) seinen Verstand aufgeklärt,

b) sein Herz gereinigt,

c) seine Sitten geläutert,

d) dem O. nüzliche thätige Dienste geleistet haben.

3) Er

Priestergrad.

3) Er wird sodann entweder vom Präfect des Kapitels, welcher immer diesen Grad hat, und die Versammlungen desselben nach Gefallen frequentiren kan, dem Provinzial-Obern empfohlen, oder durch den Decanus zur Beförderung in diese Klasse in Vorschlag gebracht, oder von den höhern Obern dazu ausdrücklich ausgehoben.

4) Wenn die Einwilligung des Provinzials erfolgt ist, so bestellt der Präfect den Kandidaten zu sich, eröfnet ihm den Entschluß der Erl. Obern und sagt ihm: „Der Grad, den er nun erhalten werde, führe zur höchsten Stuffe des O. und werde nun fernerhin, wenn seine weitern Proben gut ausfielen, mit der Direction des untern Gebäudes nichts mehr zu thun, und er nicht mehr nöthig haben, weder ☐ noch Versammlungen zu besuchen.

5) Hierauf giebt er ihm die Addresse des Decanus der Provinz und trägt ihm auf, nachfolgende Fragen zu beantworten und an selbigen einzuschicken:

) Sind unsre jetzigen Welteinrichtungen der Bestimmung, zu welcher der Mensch auf diese Erde gesetzt zu seyn scheint, angemessen oder nicht? Erfüllen z. B. Staaten, bürgerliche Verbindungen, Volksreligionen den Zweck, um derentwillen die

Priestergrad.

Menschen dieselben errichtet haben? Befördern die gemeinen Wissenschaften wahrhafte Aufklärung, wahre menschliche Glückseligkeit; oder sind sie vielmehr Kinder der Noth, der vervielfältigten Bedürfnisse, des widernatürlichen Zustandes, Erfindungen spitzfündiger eitler Köpfe?

b) Welche bürgerliche Verbindungen, welche Wissenschaften scheinen Ihnen zweckmäßig, und welche nicht?

c) Ist es wohl einst anderst in der Welt gewesen? Gab es nicht einen einfachern Zustand, und wie denken Sie sich denselben?

d) Wäre es wohl möglich, nachdem wir nun alle Nichtigkeiten unserer bürgerlichen Verfassung durchgegangen, einmal wieder zu der ersten Simplicität zurückzukommen, zu einer edeln Einfalt, die alsdenn um desto dauerhafter seyn würde, da sie mit den Erfahrungen aller Art von Verderbnissen ausgerüstet, das Menschengeschlecht in einen solchen Zustand setzte, in dem sich etwa ein einzelner Mensch befindet, der, nachdem er in seiner unschuldigen Kindheit unverderbt, beneidenswürdig glücklich gewesen, in den Jünglingsjahren von Leidenschaften irre geführt worden, und alle Gefahren kennen gelernt hat, dann in seinem gebildeten

deten Alter aus diesen Erfahrungen practische Weisheit mit kindischer Unschuld und Reinigkeit zu verbinden sucht?

e) Wie wäre es aber anzufangen, diese selige Periode und ein allgemeines Sitten-Regiment herbeyzuführen? Durch öffentliche Anstalten, durch gewaltsame Revolutionen, oder auf andere Art?

f) Giebt uns nicht die reine christliche Religion Winke dazu? Verkündigt sie uns nicht einen solchen glücklichen Zustand, bereitet sie uns nicht dazu vor?

g) Ist aber diese einfache heilige Religion wohl dieselbe, welche jetzt die verschiednen christlichen Secten lehren, oder eine bessere?

h) Kan man diese bessere Religion lehren? Würde wohl die Welt, wie sie jetzt ist, mehr Licht ertragen können? Glauben Sie, daß bevor unzählige Schwierigkeiten gehoben sind, es etwas helfen könnte, den Menschen gereinigte Religion, höhere Philosophie, und die Kunst, zu seinem Vortheil sich selbst regieren zu können, zu predigen? Hängt nicht die Entweichung dieser Dinge mit unsern politischen und moralischen Verhältnissen so genau zusammen, daß viel Menschen aus übel verstandnem Interesse, und noch mehrere aus eingewurzelten Vorurtheilen sich der Veredlung des Menschengeschlechts

schlechts widersetzen, weil sie an die alten Formen gewöhnt sind, und was in diese nicht paßt, wäre es auch noch so natürlich, groß, edel, dennoch für unrecht halten? Wird nicht leider! jetzt alles menschliche, allgemeine, dem personellen engern Interesse nachgesetzt?

i) Müssen diese Verderbnisse also nicht nach und nach in der Stille gehoben werden, ehe man hoffen kan, jene goldnen Zeiten herbeyzuführen; und ist es nicht besser, unterdessen in geheimen Verbindungen die Wahrheit fortzupflanzen?

k) Finden wir Spuren einer solchen geheimen Lehre in den ältesten Weisheitsschulen, in dem bildlichen Unterrichte, den Christus der Erlöser und Befreyer des Menschengeschlechts seinen vertrautesten Schülern gab? Bemerken Sie nicht eine stuffenweise Erziehungs-Anstalt von der Art schon von den ältesten Zeiten her angebracht?

———————

Weitere Nachrichten von der Aufnahme in diesen Grad.

Wenn der Kandidat diese Fragen beantwortet und seinen Aufsatz an den Decanus eingeschickt hat, so berichtet dieser desfalls an den Provinzial nebst Uebersendung der Antworten, und von demselben wird bestimmt, ob er jetzt aufgenommen werden, oder einige (die Denckungsart noch näher entwickelnde) Fragen beantworten soll, worüber ihm denn Bescheid gegeben wird.

Soll der Schottische Ritter zu den kleinen Mysterien eingeweiht werden, so wird ihm früh genug die Zeit der Synodal-Versammlung bekannt gemacht (von der Synode wird nachher gehandelt werden).

Sind die Presbyter an dem Orte angekommen, und befindet sich der Kandidat auch daselbst; so wird Tag und Stunde der Aufnahme vestgesetzt; da die Aufnahme sehr viel Zeit wegnimmt, so muß früh des Nachmittags damit angefangen, aber wie sichs versteht, jedes Zimmer dunkel gemacht werden.

Der

Der Kandidat wird mit verbundnen Augen in eine Kutsche gesetzt, und von einem Freunde begleitet durch allerley Umwege bis vor das Haus gebracht (insofern dieß ohne Aufsehen zu erregen geschehen kan, und es zu einer Jahrszeit geschieht, da es nicht früh dunkel wird).

Man läßt ihn aussteigen und führt ihn bis vor die Thür des ersten Zimmers. Da bedeutet ihn sein Freund, nachdem er ihm die Augen aufgebunden, er solle stehen bleiben, bis man ihm zurufen werde, daß er in das Zimmer treten solle. Vorher aber muß er die Ritterschürze und das Andreaskreuz anlegen, den Hut aufsetzen und den entblößten Degen in die Hand nehmen, worauf ihn dann sein Freund verläßt und zu den übrigen Priestern geht.

Nach einiger Zeit wird dem Ritter durch eine unbekannte feyerliche Stimme zugerufen: Tritt herein, Verwaiseter, die Väter rufen dich, tritt herein! und verschließ die Thür hinter dir. (Der Kandidat thut das).

Nun tritt er in ein Zimmer, welches prächtig erleuchtet und roth, kostbar tapeziert ist. Im Hintergrunde sieht man einen Thron unter einem Himmel, und vor demselben steht ein Tisch, auf welchem eine Krone, ein Scepter, Schwerdt, Gold, Kostbarkeiten und Fesseln liegen. Zu den Füßen desselben liegen auf einem rothen Kissen die priesterliche Kleidungsstücke. Im Zimmer befindet sich kein Stul, außer einem niedrigen gepolsterten Stül-

Priestergrab.

Stülchen ohne Lehne ohnfern der Thüre im Vordergrunde gerade gegen dem Thron über.

Wenn der Ritter die Thür verschloßen hat, und nun stille steht, so wird ihm zugerufen: Schaue auf N. N. blendet dich der Glanz dieses Throns? Gefällt dir dies Spielwerk, diese Krone, dieser Scepter, diese kostbaren Monumente menschlicher Herabwürdigung? Sprich! Gefällt dir dies, so können wir vielleicht deine Wünsche befriedigen. Unglücklicher! wenn dein Herz daran hängt, wenn du dich hinaufschwingen, wenn du helfen willst deine Brüder elend machen, sie unterdrücken, so thue es auf deine Gefahr. Suchst du Macht, Gewalt, falsche Ehre, Ueberfluß; so wollen wir für dich arbeiten, dir zeitliche Vortheile zu verschaffen suchen; wir wollen dich den Thronen so nahe bringen, als du es wünschest, und dich dann den Folgen deiner Thorheit überlassen: aber unser inneres Heiligthum bleibet einem solchen verschlossen. Willst du aber Weisheit lernen, willst du lernen Menschen klüger, besser, frey und glücklich machen, so sey uns dreymal willkommen. Hier siehst du Zeichen der königlichen Würde prangen, und dort auf jenem Kißen das bescheidene Kleid der Unschuld! Was wählest du? Gehe hin und ergreife was dein Herz befriedigt.

Sollte der Kandidat wider Vermuthen nach der Krone greifen, so ruft man ihm zu: Fort Ungeheuer! Beflecke nicht

nicht diesen heiligen Ort, geh! Fliehe, weil es noch Zeit ist! Sein Freund kommt ins Zimmer, führt ihn wieder heraus, und die Aufnahme kommt nicht zu Stande. Greift er aber nach dem Priesterkleide, so wird ihm zugerufen: Heil dir Edler! Das konnten wir von dir erwarten; aber halt ein! noch darfst du dies Kleid nicht anziehen. Höre erst, wozu wir dich bestimmt haben! Setze dich auf einen Stul und merke auf!

Der Ritter setzt sich, und nun wird der folgende Unterricht laut gelesen, bey welchem sich, da er lang und niemand zu sehen ist, zwey Presbyteri abwechseln können.

Unterricht im ersten Zimmer.

Nach der sorgfältigen Vorbereitung und Prüfung rückt nunmehr die Zeit deiner Belohnung herbey. Du hast deinen Verstand aufgeklärt, dein Herz gebessert, du hast dich und andre erkennen und bilden gelernt. Du hast die ersten Buchstaben der höhern Weisheit von deinen Obern bekommen. Nun trift auch dich die Reihe, andere zu erleuchten und zu regieren — die höchste Ehre, wornach der edlere Mann streben soll. Das, was du bis jetzt weist, und was du in dieser Stunde noch lernen wirst, giebt dir Ueberlegenheit und Einsichten über andere Schwächere, und eben diese Ueberlegenheit ist die einzige wahre Quelle

der

der Macht des Menschen über andere Menschen. — Die Finsterniß verschwindet, der Tag des Lichts bricht herein, die erste Pforte des Heiligthums öfnet sich. Ein Theil unsrer Geheimnisse wird sich dir entwickeln. — Verschließet die Thore des Heiligthums den Ungeweihten! Ich will zu den Erlauchten, den Heiligen, den Auserwählten sprechen. Ich spreche mit denen, so Ohren haben, um zu hören, eine Zunge, um zu schweigen, und einen geläuterten Verstand, um zu begreifen. —

Durch den Eintritt in diese unsichtbare Versammlung wirst du heute dem **höhern Orden** zugestellt. So wie du bis jetzt am Ruder des Untergebäudes standest, so wirst du künftig zu der Klasse derer gehören, in deren Händen die Regierung im Wissenschaftlichen, Religiösen und Politischen steht. Alles was uns wichtig und heilig seyn muß, ist diesen Händen anvertraut — Weist du aber auch hinlänglich, was das heißt: Herrschen, in einer geheimen Gesellschaft herrschen? Nicht über den geringern oder vornehmern Pöbel, über die besten Menschen, über Menschen von allen Ständen, Nationen und Religionen, ohne äußerlichen Zwang zu herrschen, sie dauerhaft zu vereinigen: ihnen einerley Geist und Seele einzuhauchen, über die in allen Theilen der Welt zerstreuten Menschen in der gröſten Entlegenheit in möglichster Stille, mit möglichster Eile und Genauigkeit zu herrschen: ist eine bishero in der Staatsklugheit noch unaufgelöste Aufgabe.

Unterscheidung und Gleichheit, Despotismus und Freyheit auf das engste zu vereinigen: sein Reich und seine Unterthanen sich selbst schaffen: allem Verrath, und denen daraus entstehenden unvermeidlichen Verfolgungen vorzubeugen: aus Nichts etwas zu machen, dem allgemein einreißenden Verderben zu steuern, auf allen Wegen, Segen und Wonne zu verbreiten, ist das Meisterstück der mit der Moral vereinigten Politick. Um dieses zu bewirken, bietet uns die bürgerliche Verfassung wenige brauchbare, auch hier anwendbare Regeln an. Die Triebfedern, deren man sich in beyden bedient, um Menschen in Bewegung zu setzen, unterscheiden sich so gar. Dort werden die Menschen aus Furcht und Zwang zum Handeln bestimmt, hier bey uns soll sich jeder selbst dazu bestimmen. Hofnung, vorhergesehener vernünftiger Vortheil, Erwartung, Vernunft, Sittlichkeit sollen ihnen die gehörige Richtung ertheilen. Hier finden sich Hindernisse, welche nur dergleichen Einrichtungen allein eigen sind, und bey der bürgerlichen Gesellschaft gar nicht angetroffen werden. Diese sind es, welche die vernünftigste Sache unendlich erschweren und Umwege veranlassen.

Mitglieder, die in verschiednen eifersüchtigen und argwöhnischen Regierungen zerstreut leben, in solchen aufgewachsen, von ihnen den Unterhalt erhalten, von ihnen hoffen und fürchten, die um dieses Unterhalts willen diesen Gemeinden alle ihre Kräfte und Thätigkeit schenken

Priestergrab.

ken und widmen: also schon anderswo mit vielen Geschäften überladene Mitglieder, die man noch über das an keinem gemeinschaftlichen Ort, unter gemeinschaftlicher Aufsicht mit den gewöhnlichen Zwangsmitteln unterrichtet, die mitten im Verderbnisse leben, und so leicht davon hingerissen werden, wo das üble Beyspiel so häufig, und die Verführung so leicht ist, und das Werk von Jahren zernichten kan: Mitglieder, die man noch über das nicht nach dem Beyspiel geistlicher Orden nach Gefallen übersetzen kan, diese sind es, welche die Grundlage unserer Mitarbeiter ausmachen und die Arbeit ins Unendliche erschweren. — Wie soll man weiter von Menschen, deren der größte Theil unvermögend ist, und selbst von uns Hülfe erwartet, und der übrige klügere Theil durch wiederholten Betrug zu sehr gewitzigt worden, als daß er es abermal wagen sollte, sein Geld an eine Gesellschaft zu verwenden, deren letzter Zweck ihm noch nicht vorgelegt worden, deren Häupter er nicht kennt, und die ihm nicht Rechenschaft über die nüzliche, zweckmäßige, vernünftige Verwendung seiner Freygebigkeit würde geben können: Wie soll man, sage ich, von solchem Mitgliede die nöthigen Fonds erhalten, um die jedem Körper wesentliche Bedürfnisse zu bestreiten, um einen so kostbaren in alle Welt sich erstreckenden Briefwechsel und Zusammenhang zu erhalten, um verdienten Dürftigen zu helfen, die wegen ihrer Redlichkeit, Eifer für die gerechte Sache, für den Orden selbst Verunglückte zu unterstützen, große, der

Mensch-

Menschheit nüzliche Anstalten zu befördern, dem Orden dienliche Stiftungen zu errichten; Mitglieder, die sich aller bürgerlichen Aemter begeben, um sich für den Orden zu verwenden, um diesen den schuldigen Ersatz zu machen: Wittwen und Kinder mittelloser Mitglieder zu erhalten, und auf diese Art jedes Mitglied in den Stand zu setzen, daß er bey seinem Leben in Unabhängigkeit von dem Bösen, und bey seinem Uebergang in seiner Beruhigung und Seelenruhe nicht gehindert werde.

Wären Menschen gleich anfänglich das, was vernünftige Menschen seyn sollten; könnte ihnen gleich bey dem ersten Eintritt die Heiligkeit der Sache und die Herrlichkeit des Plans vorgelegt und einleuchtend gemacht werden; dann möchte manches noch möglich seyn: Aber, da jeder hofft, jeder haben, und Niemand geben will: da der Reiz des Verborgenen beynahe noch das einzige Mittel ist, um Menschen zu erhalten, die vielleicht nach befriedigter Neugierde so gleich den Rücken kehren, oder gar die Kenntnisse zum Bösen nutzen würden: da es erst um die moralische Bildung dieser oft noch roher Menschen zu thun ist, und doch jeder eilt und murret, und über die Verzögerung ungeduldig wird, so kanst du hier leicht sehen, daß hier Mühe, Geduld, Beharrlichkeit und überwiegende Liebe zum Zweck erfordert werde; daß die Obern wohl von der Sache überzeugt seyn müssen, weil sie sonst nicht ihr Vermögen, alle ihre Kräfte, ihre ganze

ganze Existenz dieser Verbindung widmen würden, wofür sie nicht nur nicht entschädige, nicht erkannt, sondern oft mit Undank belohnt werden; ich sage, es wird eine überwiegende Liebe zum Zweck erfordern, um nicht in Mitte der Arbeit den Posten zu verlassen, und der undankbaren Arbeit, Menschen zu bessern, auf ewig zu entsagen. Dem nun vorzubeugen, dort zu helfen, wo die Hülfe oft so schwer ist, das alles zu leisten, ist was wir in G. Z. Regierungskunst nennen.

Diese ist die Sorge, zu welcher wir dich anheut berufen, Tag und Nacht andere beobachten, bilden, ihnen zu Hülfe kommen, für sie sorgen: in dem Furchtsamen Muth, in dem Lauen und Trägen Eifer und Thätigkeit erwecken, dem Unwissenden predigen und lehren: den Gefallenen aufrichten, den Wankenden und Schwachen stärken, den Hitzigen zurück halten, Uneinigkeiten zuvorkommen, entstandene beylegen, alle Mängel und Schwächen verbergen, gegen das Eindringen neugieriger Forscher und Witzlinge auf seiner Hut stehen, Unvorsichtigkeiten und Verrath verhüten, und endlich Subordination und Achtung gegen Obere, Liebe und Neigung unter sich, und Verträglichkeit gegen die, so außen seynd, bey den Deinigen zu bewirken. Diese und andere mehr sind die Arbeiten und Pflichten, die wir dir so eben auflegen. Hast du noch Muth, das alles zu überwinden, so höre ferner.

Weist

Weißt du dann auch was geheime Gesellschaften sind? Welchen Ort sie in dem großen Reiche der Weltbegebenheiten behaupten? Glaubst du wohl, daß solche eine gleichgültige, transitorische Erscheinung seyen? O, mein Bruder! Gott und die Natur, welche alle Dinge der Welt, die Grösten so gut, wie die Kleinsten zur rechten Zeit und am gehörigen Ort geordnet haben, bedienen sich solcher als Mittel, um ungeheure sonst nicht erreichbare Entzwecke zu erreichen. Höre und erstaune! Nach diesem Gesichtspunct richtet und bestimmt sich die ganze Moral, und das Recht der geheimen Gesellschaften, und unsere bisherige Moral und Begriffe von Recht und Unrecht erhalten erst dadurch ihre nöthige Berichtigung. Du stehst hier in der Mitte zwischen der vergangnen und künftigen Welt: einen Blick in die vergangnen Zeiten zurück, und sogleich fallen die zehntausend Riegel hinweg, und die Thore der Zukunft öfnen sich. Mache dich gefaßt, einen flüchtigen oder kühnen Blick hinein zu wagen: — Du wirst den unaussprechlichen Reichthum und Vorrath Gottes und der Natur, die Erniedrigung und Würde des Menschen, und die Welt und das Menschengeschlecht in seinen Jünglingsjahren, wo nicht gar in seiner Kindheit erblicken, da wo du es schon in grauem hinfälligen Alter nahe bey seinem Untergang und Herabwürdigung zu finden vermuthetest.

Priestergrad.

Die Natur, welche stuffenweise Entwickelung eines unendlichen Plans ist, wo das nämliche Urbild in allen möglichen Veränderungen, Graduationen und Formen zum Grunde liegt, und von uns Menschen nach Verschiedenheit seiner Gestalt verschiedene Nahmen erhält, macht in allen diesen ihren Veränderungen keinen Sprung: sie fängt von dem kleinst=möglichen, und unvollkommenen an, durchlauft ordentlich alle Mittelstuffen, um zum grösten und vollkommensten dieser Art zu gelangen, welches höchste vielleicht neuerdings die niederste Stuffe einer neuen höhern Veränderung ist: sie macht Kinder, und aus ihnen Männer; und Wilde, um daraus gesittete Menschen zu machen, vielleicht um uns mit dem Contrast dessen, was wir waren, mit dem, was wir wirklich sind, fühlbarer, anziehender, schätzbarer zu machen: oder uns zugleich zu belehren, daß eben darum mit dem, was wir sind, ihr unendlicher Vorrath noch nicht erschöpft seye: daß wir und unser Geschlecht noch zu weitern ungleich wichtigern Veränderungen vorbehalten seyen. — So, wie also der einzelne Mensch, eben so hat auch das ganze Geschlecht seine Kindheit, Jugend, männliches und graues Alter. Mit jeder dieser Perioden des ganzen Geschlechts lernen die Menschen neue, ihnen vorher unbekannte Bedürfnisse kennen. Jedes neue Bedürfniß ist gleichsam der Saamen, aus welchem eine neue Veränderung, ein neuer Zustand, ein Besserseyn hervor keimt, weil es den Menschen zur Thätigkeit reizt, in ihm den Nisus hervorbringt, solches zu befriedigen, hinweg zu schaffen. Aus jedem befriedigten Bedürfniß entsteht wieder ein neues, und die Geschichte des Menschengeschlechts ist die Geschichte seiner Bedürfnisse, wie das eine aus dem andern entstanden: und diese Geschichte, diese Abstammung, diese Entwickelung der Bedürfnisse ist die Geschichte der Vervollkomnung des ganzen Geschlechts; denn nach diesen richten sich Kultur, Verfeinerung der Sitten, Entwickelung der schlafenden Geisteskräfte: mit der Entwickelung derselben ändert sich zugleich die Lebensart, der moralische und politische Zustand, die Begriffe von Glückseligkeit, das Betragen der Menschen gegen einander, ihre Verhältnisse unter sich, die ganze Lage der jedesmaligen gleichzeitigen Welt. In der Stuffe des männlichen Alters allein erscheint erst das Menschengeschlecht in seiner Würde; da erst werden seine Grundsätze fest, seine Verbindungen zweckmäßig, er sieht den ganzen Umfang seines Wirkungskreises; dort allein, nachdem wir vorher durch viele Umwege, durch lange wiederholte traurige Erfahrungen gelernt, welch ein Unglück es sey, sich die Rechte anderer anzumassen, sich durch bloße äußerliche Vorzüge über andere zu erheben, um seine Größe zum Nachtheil anderer zu gebrauchen: dort allein sieht man es ein, glaubt es, fühlt es, welch eine Ehre, welch ein Glück es sey, ein Mensch zu seyn.

Diese erste Stuffe von dem Leben des ganzen Geschlechts ist Wildheit, ist rohe Natur: wo die Familie die

ein-

einzige Geſellſchaft, und leicht zu befriedigender Hunger und Durſt, Schutz vor dem Ungeſtümm des Wetters; ein Weib, und nach der Ermüdung die Ruhe, die einzigen Bedürfniſſe ſind, ein Zuſtand, in welchem der Menſch die beyden vorzüglichſten Güter, Gleichheit und Freyheit, in voller Fülle genießet, und auch ewig genießen würde, wenn er dem Wink der Natur folgen wollte, und die Kunſt verſtünde, ſeine Kräfte nicht zu misbrauchen, und den übermäßigen Ausbruch ſeiner Leidenſchaften zu hindern: oder, wenn er das ſchon wäre, wozu ſein Geſchlecht erſt durch lange Vorbereitung gelangen ſollte. Wenn es nicht im Plan Gottes und der Natur läge, ihm anfänglich nur das zu zeigen, wozu ſie ſein Geſchlecht beſtimmt, um ihm ein Gut um ſo ſchätzbarer zu machen, das er anfänglich gehabt, ſo bald verlohren, gleich darauf zurückgewünſcht, und ſo lang ſo eilfertig und vergeblich geſucht, bis er endlich den rechten Gebrauch ſeiner Kräfte, ſeine Verhältniſſe gegen andere Menſchen richtiger zu beſtimmen gelehrt ward. In dieſem Zuſtand, wo alle Gemächlichkeiten unſers Lebens mangelten, war dieſer Mangel kein Unglück für Menſchen, die ſie nicht kannten, und eben darum niemal vermißten. Geſundheit war ihr ordentlicher Zuſtand, der phyſiſche Schmerz das einzige Misvergnügen; — was konnte wohl dieſen urſprünglichen Menſchen mangeln, um glücklich zu ſeyn, da ſie noch über das ihre Umſtände belehrten, wenige und nicht zu lebhafte Begierden zu haben: eine Kunſt, welche das wesentlichste Erforderniß unsrer Glückseligkeit ist, das Ziel und Bestreben der Weisheit, und die Wirkung der aufgeklärtesten Vernunft und des geordnetesten Willens. — Glückliche Menschen, die noch nicht aufgeklärt genug waren, um ihre Seelenruhe zu verlieren, und die großen unseligen Triebfedern und Ursachen unsers Elends, die Liebe zur Macht, die Begierde sich zu unterscheiden, und andere zu übertreffen, den Hang zur Sinnlichkeit, und die Begierde nach den vorstellenden Zeichen aller Güter, diese wahre Erbsünde aller Menschen mit ihrem mühseligen Gefolge, dem Neid, Geiz, Unmäßigkeit, Krankheiten und allem Foltern der Einbildungskraft zu empfinden. Aber bald entwickelte sich in ihnen dieser unselige Keim, und ihre Ruhe und ursprüngliche Glückseligkeit war dahin.

Als die Familien sich vermehrten, der Unterhalt zu mangeln anfieng, das nomadische Leben aufhörte, das Eigenthum entstand, die Menschen feste Sitze erwählten, und durch den Ackerbau die Familien sich einander näherten, dabey die Sprache sich entwickelte, und durch das Zusammenleben die Menschen ihre Kräfte gegen einander zu messen anfiengen, hier Ueberlegenheit, dort Schwäche sahen: hier sah man zwar, wie der eine den andern nutzen, wie Klugheit und Stärke des einen die zusammenlebende Familien ordnen, und einem ganzen Landstrich gegen die Angriffe der andern Sicherheit verschaffen konnte. Aber hier wurde auch zugleich der Grund zum Untergang der

Frey-

Freyheit gelegt, die Gleichheit verschwand. Man fühlte neuen unbekannte Bedürfnisse, man fühlte auch, daß sie durch eigne Kraft nicht wie vorhin zu befriedigen wären. In dieser Absicht unterwarf sich der Schwache ohne Bedenken dem Stärkern und Klügern, nicht um von diesem mishandelt, sondern geschützt, geleitet, belehrt zu werden: die Fähigkeit dem andern zu nützen, war der einzige anerkannte rechtmäßige Titul zum Thron, und so wie vordem Väter und Häupter der Familien die ersten, so waren nunmehr Wohlthäter die zweyten und einzigen Könige der Welt. Da vorher jeder Mensch frey und unabhängig war, so konnte keine Gewalt des einen über den andern entstehen, als durch freywillige Unterwerfung, und niemand wollte sich unterwerfen und seinen Rechten entsagen, sich in einen schlechtern Zustand versetzen, wenn er nicht hoffen konnte, Vortheile davon zu ziehen.

Alle Unterwerfung, auch der rohesten Menschen ist also bedingt auf den Fall, daß ich Hülfe nöthig habe, daß der, dem ich mich unterwerfe, mir sie zu leisten im Stande sey. Mit meiner Schwäche und mit der Ueberlegenheit des andern hört seine Gewalt auf. Könige sind Väter; väterliche Gewalt geht mit der Unvermögenheit des Kindes zu Ende. Der Vater würde sein Kind beleidigen, der sich über diese Zeit hinüber noch ein Recht über sein Kind beylegen wollte. Jeder Volljährige kan sich selbst vorstehen: wenn die ganze Nation volljährig ist, so fällt der Grund ihrer Vormundschaft hinweg. Wenn der größere Theil noch minderjährig ist, so tretten zwar die Volljährigen aus, aber sie haben dabey kein Recht, die übrigen wider ihren Willen ihrer vorigen Vormundschaft zu entreißen, und sich an seine Stelle aufzuwerfen. Einer Gewalt, die alle anerkannten, wenn sie gänzlich aufhören soll, müssen auch alle entsagen. Aber niemalen haben sich Menschen unterworfen, um misbraucht, mishandelt zu werden.

Niemal hat sich der Stärkere dem Schwächern unterworfen: der Schwache ist ewig von der Natur zur Unterwürfigkeit bestimmt, weil er braucht: der Starke ist von allen Zeiten zur Herrschaft berufen, weil er nuzen kan. Laß den Schwachen stark, und den Starken schwach werden: so wechseln sie auch den Platz.

Wer den andern braucht, hängt von ihm ab, er hat sein Recht selbst abgetretten. Also wenig zu brauchen ist der erste Schritt zur Freyheit; darum sind wilde und im höchsten Grad aufgeklärte vielleicht die einzige freye Menschen. Die Kunst seine Bedürfnisse immer mehr und mehr einzuschränken, ist zugleich die Kunst zur Freyheit zu gelangen: und die Kunst andern wohl zu thun, ist zugleich die Kunst zur Herrschaft zu gelangen; wer andere nicht braucht ist frey: wer noch dazu andern nuzen kan, ist frey und ihr König. Wenn das Bedürfniß lang und anhal=

haltend ist, so ist es auch die Unterwürfigkeit: Sicherheit ist ein solch anhaltendes Bedürfniß. Hätten die Menschen sich von Beleidigungen enthalten, so wären sie frey geblieben. Ungerechtigkeit allein hat sie unterjocht. Um sicher zu seyn, haben sie einem einzelnen Menschen eine Stärke beygelegt, die er vorher nicht hatte, die nun stärker ist, als die Stärke eines jeden einzelnen; dadurch haben sie sich ein neues Bedürfniß gemacht: die Furcht gegen das Werk ihrer Hände; um sicher zu seyn, haben sie sich die Sicherheit selbst benommen; dieser ist der Fall mit unsern Staaten. — Wo finden sie nun diese Stärke, die sie gegen die andere schützen soll? In ihrer Einigkeit? Aber dieser Fall ist zu selten. — Also in neuen engern, klügern, geheimen Verbindungen; daher ist das Verlangen nach solchen in der Natur selbst gegründet.

Diese ist die kurze, wahre und philosophische Geschichte des Despotismus und der Freyheit, unserer Wünsche und unserer Furcht, unsers Glücks und unsers Elendes. Die Freyheit hat den Despotismus zur Welt gebracht, und der Despotismus führt wieder zur Freyheit. Die Vereinigung der Menschen in Staaten ist die Wiege und das Grab des Despotismus, sie ist auch zugleich das Grab und die Wiege der Freyheit. Wir haben die Freyheit gehabt, und haben sie verlohren, um sie wieder zu finden, um sie nicht weiter zu verliehren, um uns durch den Mangel zu ihrem Genuß um so fähiger zu machen.

Die Natur hat das Menschengeschlecht aus der Wildheit gerissen, und in Staaten vereinigt: aus den Staaten tretten wir in neue klüger gewählte. Zu unsern Wünschen nahen sich neue Verbindungen, und durch diese langen wir wieder dort an, wo wir ausgegangen sind: aber nicht um dereinst den alten Zirkel wieder zurück zu machen, sondern um unsere weitere Bestimmung näher zu erfahren. Die Folge soll alles noch deutlicher erweisen.

Nun waren also die Menschen aus ihrer ruhigen Lage in den Stand der Unterwürfigkeit versetzt. Eden, der Garten des Paradieses, war für sie verlohren, denn sie waren gefallen, der Sünde und Knechtschaft unterworfen, sie mußten ihr Brod in der Unterwürfigkeit, im Schweiß ihres Angesichts verdienen. Andere bemächtigten sich ihrer, versprachen ihnen Schutz, und wurden ihre Anführer: oder die Klügern, um sie zu ihren Absichten zu leiten und ihren Vorschritten großes Ansehen zu geben, gaben sich für übernatürliche Wesen und Abgesandte Gottes aus: und auf diese Art wurde die Theocratie unter ihnen eingeführt. Doch war noch keines dieser Völker zu groß, sie waren in Horden vertheilt, deren jede ihren Anführer hatte. Diese Anführer eben so ungleich an Kräften, als die einzelne natürliche Menschen, mußten nach und nach ebenfalls der Ueberlegenheit des Klugen und Tapfersten unter ihnen weichen, und so wurden viele kleine Stämme in ein großes Volk vereinigt. Es entstunden Nationen und Vorsteher, Könige der Nationen. Mit dem Ursprung der Nationen und Völker hörte die Welt auf, eine große Familie, ein einziges Reich zu seyn: das große Band der Natur wurde zerrissen. Man vereinigte Menschen, um sie von einander zu trennen: man zog zwischen Menschen und Menschen eine Linie: diese hörten auf sich unter einem gemeinschaftlichen Nahmen zu kennen. Der Mensch fieng an, dem Landesmann nachzustehen, und der Nationalismus tratt in die Stelle der Menschenliebe: mit der Abtheilung des Erdreichs und der Landen wurde auch das Wohlwollen getheilt, und ihm Gränzen angewiesen, über welche es sich niemalen erstrecken sollte. Nun wurde es zur Tugend, auf Unkosten derer, die nicht in unsere Gränzen eingeschlossen waren, sein Vaterland zu vergrößern. Nun wenn es ein Mittel war zu diesem engern Zweck, so war es erlaubt Freunde zu verachten, zu hinterlisten, oder wohl gar zu beleidigen. Diese Tugend hieß Patriotismus: und der Mann, der gegen alle übrige ungerecht war, um gegen die Seinige gerecht zu seyn, der seine Vernunft so weit herunter geführt hatte, daß er gegen fremde Vorzüge blind war, und die Mängel seines Vaterlandes gar nicht, oder wohl gar als Vollkommenheiten betrachtete: dieser Mann erhielt den Nahmen des Patrioten. Die Liebe gegen Menschen war im genauesten Verhältniße mit der Größe seines Vaterlandes.

War

War es einmal erlaubt, oder wohl gar tugendhaft, Menschen, die nicht mit mir einerley Land bewohnten, geringer zu halten, oder wohl gar zu beleidigen, warum sollte es nicht auch erlaubt seyn, diese Liebe noch enger auf die Bewohner meiner Stadt, oder wohl gar auf die Mitglieder meiner Familie, oder auf mich allein zu beschränken? Und so entstund aus dem Patriotismus der Localismus, der Familiengeist, und am Ende gar der Egoismus.

So wie sich der Gesichtspunct von Zeit zu Zeit verengte, so wurden aus einem einzigen Interesse tausend und unendliche: jeder wollte solches erreichen. Diese Gränzen widersprachen sich, es entstanden innerliche Gährungen, Spaltungen, Feindschaften: das Allgemeine wurde vergessen, weil jeder nur allein auf seine Vergrößerung dachte. Auf solche Art war schon bey der ersten Entstehung der Staaten der Saame der Zwietracht, in ihm zerstreut, der Patriotismus fand seine Strafe in sich selbst; und die beleidigte Menschheit war an ihren Feinden hinlänglich gerochen. Ein Uebel, das mit jeder Staatsverfassung von jeder Form unzertrennlich verbunden, und durch keine Staatskunst zu heilen ist. Vermindert den Patriotismus, so lernen sich die Menschen wieder als solche kennen, die Anhänglichkeit verliehrt sich, das Band der Vereinigung zertrennt und erweitert sich, und die Quelle und Ursache einer Menge dem Staate nutzbarer Thaten werden nicht fer=

ferner unternommen: vermehrt den Patriotismus, so lehrt ihr zugleich Menschen, daß es eben so wenig unrecht sey, gegen sein Vaterland, als das übrige Menschengeschlecht zu handeln: daß in Rücksicht des übrigen Theils der Menschen, der Staat eben so wenig als die Familie einiges Vorrecht besitze: daß man das nicht bestrafen könne, und eine engere Liebe als ein Verbrechen annehme, wenn man selbst das Beyspiel dazu giebt; daß jede Usurpation zu meinem Vortheil erlaubt, und daß endlich der engste Egoismus eben so rechtmäßig erscheinen würde, wenn er sich so, wie der Staat, durch seine Ueberlegenheit Impunität zu verschaffen im Stande wäre. Daß hier also oft ein Verbrechen Tugend wäre, weil es von mehrern ungestraft begangen wird. Jeder Vernünftige muß vielmehr einsehen, daß der Nutzen eines Staats auf keine Art der letzte Maasstab vom Recht, Unrecht sey; denn sonst hätten wir in dem nemlichen Fall widersprechende Rechte: daß es ein allgemeines Recht geben müsse, dem alle übrige untergeordnet sind, dieses ist der Nutzen des ganzen Geschlechtes. Was diesem widerspricht, ist unrecht, wenn ihm auch in gewissen Ländern Altäre gebaut würden, und die verdienstliche Handlung um sein Vaterland könne das gröste Verbrechen gegen die Welt seyn. Der Coder der Nation ist dem Gesetzbuch der Natur untergeordnet. Aus diesem letztern werden die Rechte der Nationen beurtheilt, so, wie sich jeder Staat das Recht usurpirt, die Rechte einzelner Familien und Menschen zu be-

beurtheilen, so wie jedes Land so viel möglich den Umgang mit Auswärtigen vermieden, so mußte das Originelle der Menschen verlohren gehen, und statt solchen eigene Sitten, Meynungen, Sprachen, Gesetze und Religionen durch solche ausschließende Vereinigung entstehen, das einförmige verschwinden, und Mannigfaltigkeit auf der Erde verbreitet werden. Diese vollendeten die letzte Linie zwischen Menschen und Menschen zu ziehen. Nun hatten die Menschen Ursach genug, sich zu hassen, aber beynahe keine sich zu lieben. Nun liebte man nicht mehr den Menschen, sondern einen solchen Menschen. Dieses Wort gieng gänzlich verlohren, und nun nannten sich Menschen Römer und Griechen und Barbarn, Heiden und Juden, Mahometaner und Christen. Diese theilten sich wieder in weitere neue Secten bis auf den Egoismus herunter. Nun brauchte man nur das Wort Christ oder Jud, Römer oder Barbar zu hören, so entstand Neigung für seine, und Verfolgungsgeist gegen die andere Parthey. Intoleranz war nun auf allen Seiten, und weil der Patriotismus den Egoismus gebohren, so haßten sich Menschen von der nemlichen Secte und Nationen darum nicht weniger. Sie waren nun Fremde, wenn sie es mit einem, den sie lebhafter hasseten, mit einem Fremden zu thun hatten: war aber dieser gebändigt, dann fielen sie wieder über sich selbst her, und schwächten sich, um auf diese Art seiner Zeit einem Dritten in die Hände zu fallen, und sich neue Fesseln zu schmieden. Ihre eigne Anführer gewannen bey dieser Theilung der Interesse am meisten. Die Nation war getheilt, so wie die verschiednen Interesse; dieser Nahme vergessen: und die Könige fiengen an, sich in die Stelle der Nation zu setzen, sie als ihr Eigenthum zu behandeln, und sich nicht weiter als Vorsteher zu betrachten.

Um die Nation vollends zu unterjochen trug die Eroberungssucht der Monarchen nicht das Wenigste bey. Man gebot über hundert tausend Menschen, mit diesen konnte man so sicher über die Nachbarn herfallen. Man glaubte über zehen, oder hundertmal so viel gebieten zu können. Die Nation, so Theil an der Beute hatte, willigte gern darein: die Nation und die Könige theilten sich in die eroberten Länder. Die Könige theilten abermal die ihrigen, um gegen eine Nation, die noch befehlen wollte, einen Anhang, eine stehende Miliz zu erhalten, um den einen Theil des Volkes durch den andern zu bändigen. Daher kam also das Lehenspstem. Die Erfindung der Monarchen, die mehr hatten, als sie brauchten, und den Ueberfluß verwandten, um unumschränkter zu herrschen, die Ketten des Volks zu vergulden, und aus Wohlthätern Unterdrücker der Menschen zu werden. Der Ursprung von einer Gattung Menschen, die nicht der Nation sondern dem Könige dienten, auch gegen die Nation zu iedem Wink bereit stunden, die wahren Werkzeuge des Despotismus und die Mittel zur Unterdrückung der Nationaltional-Freyheit, und Vorläufer und Muster der später errichteten stehenden Militz, beyde zu einerley Zweck: nur die eine im baaren Gelde, die andern in liegenden Gründen für ihre Unterdrückung und Henkersdienste besoldet, und zum Mord und Raub unschuldiger Menschen gemiethet.

Nun fielen Menschen über Menschen, Nationen über Nationen; Menschenblut floß auf allen Seiten. Es entstund aus den Ueberwundenen eine neue Klasse von Menschen, die man Sklaven nannte, ganz für andere, nicht für sich geschaffene Menschen, zur Willkühr des Ueberwinders, ohne Erwerb, ohne Eigenthum.

Thörichte Völker! die es nicht vorher sahen, was mit ihnen geschehen sollte, die dem Despoten halfen, die menschliche Würde bis zum Viehe zu erniedrigen, um dereinst mit ihnen ein Gleiches zu versuchen, die Sklaverey der Uberwundenen wurde das Modell von der Sklaverey der Ueberwinder. Ihr Verbrechen war an ihren Nachkommen gerochen, sie durften nur ihre strengen Sitten verliehren, der Weichlichkeit sich ergeben, und an den sinnlichen Bedürfnissen Geschmack finden, wozu sie der Ueberfluß der gemachten Beute vorbereitet, so war der Sieger der Ueberwundene, und der Uberwundene der Sieger.

Diese waren wichtige, aber nicht die einzigen Folgen von der Errichtung der Staaten; die Menschen, die einmal

mal im guten Vertrauen aus Kurzsichtigkeit den ersten Schritt gewagt hatten, erschöpften ihre Kunst in Erfindung der Mittel zu ihrer Erniedrigung.

Solche Männer, die ihre Nation aus dem Nichts zu einer solchen Größe emporgehoben, konnten von blinden Untergebenen, die nur auf das Gegenwärtige sahen, und nicht glaubten, daß der, so ihnen genützt, ihnen auch dereinst schaden könne, im Anfang nicht anders als außerordentliche Menschen, als Götter betrachtet werden. Gerne hätte man ihnen die Unsterblichkeit gewünschet. Durch eine sehr natürliche Folge der menschlichen Kurzsichtigkeit mußte sich diese Achtung auch auf ihre Kinder, auf ihre Familien erstrecken. Der Sohn eines Wohlthäters, wähnten die Menschen, könne nicht anders als ein abermaliger Wohlthäter seyn. Es war noch eine Art von Wahl, die den Nachfolger bestimmte. Man gieng aus Achtung gegen den ersten Wohlthäter nicht aus seiner Familie: aber nach und nach wurde das Wahlreich zum Erbreich umgeschaffen, und in weiterer Folge, als die Fürsten anfiengen sich in die Stelle des Staats und der Nation zu setzen, das Volk als ihr Erb- und Eigenthum anzusehen. Als der kriegerische Taumel vorbey war, und das Volk durch die Verfeinerung der Sitten und die Liebe zur Weichlichkeit mehr zur Knechtschaft vorbereitet war: als die ersten Väter und Kinder und Enkel des entstehenden Volks nicht

mehr

mehr lebten, und die ausgearteten Urenkel ihre Rechte vergeſſen hatten: da entſtanden endlich die Patrimonial-Reiche und der Despotismus ſtürmte auf die ſorgenloſe Menſchen herein: nun wurden die Kinder und Völker wie eine Heerde verkauft, vertheilt, verſchenkt, auf die Schlachtbank geliefert. Statt des Geſetzes trat die Willkühr der Fürſten ein: ſie machten ſich ſelbſt zum Zweck: die Nation war blos Mittel, um die Phantaſie des Fürſten zu befriedigen. Nunmehr war die Gewalt dieſer nicht mehr vom Volk, die Gewalt Menſchen zu mishandeln, wurde unmittelbar von Gott abgeleitet: Leben, Gut und Ehre der Bürger war ihrer Willkühr überlaſſen. Nunmehr ſahe man Fürſten, ohne Einſicht, und ſorgenlos über das Schickſal ihrer Unterthanen in Wollüſten erſäuft. Einen Hof ohne Sitten und voll vom Verderbniſſe, das ſich bis in die unterſten Klaſſen verbreitet, das Laſter in der Höhe, die Tugend in Ketten; Schmeicheley, Niederträchtigkeit an ihrem Platz: Wiſſenſchaften und Vernunft unterdrückt: Niemand an ſeiner gehörigen Stelle: die wichtigſten Aemter des Staats den Meiſtbietenden, der Gunſt der Höflinge und unzüchtigen Buhldirnen feil geboten: die Nation in Armuth, das Land verlaſſen und ungebaut, die Induſtrie niedergeſchlagen, der Handel unterdrückt: Unſicherheit des Eigenthums: die Großen unabhängig von Geſetzen: der gerechte und tugendhafte Mann der Wuth jedes niederträchtigen, dem er nicht huldigen wollte,

Preis

Priestergrad.

Preis gegeben, und was das ärgste ist, selbst unter dem Vorwand der Gesetze und Gerechtigkeit unterdrückt. Nun war Furcht die einzige Triebfeder menschlicher Handlungen; und Gewaltthätigkeit und Gelüsten das einzige Gesetz: man sah auf allen Seiten innerliche Zerrüttung, Zwietracht, Freunde gegen Freunde, Brüder gegen Brüder, Aeltern gegen Kinder, Verräther auf allen Seiten: am Hof Schwelgerey, Schwachheit, Niederträchtigkeit, Gleichgültigkeit gegen das Schicksal der Nation, Bedrückungen und Auflagen ohne Ende und Nahmen: Elend von innen und Schwäche von aussen.

Bey solchen entsetzlichen Umständen, bey dieser außerordentlichen Herabwürdigung mußten doch endlich, wenn noch anders die geringste Federkraft in dem Volke war, den noch übrigen wenigen Besseren die Augen aufgehen, oder im widrigen Fall mußte die Nation einem oder mehrern Dritten, theils auswärtigen, theils noch nach Befund der Umstände den Größern von der Nation selbst zur Beute werden. Zuweilen, wenn das Verderben beynahe allgemein, und die Verderbniß der Sitten am größten ist, ist die Hilfe am nächsten. Die Natur, welche in einem, oder dem andern Winkel des Nordens noch guten Samen von Mannskraft, und unentwelkter, unverdorbener Fähigkeit bewahrt, um den siechen Mittag herzustellen, tritt hie in das Mittel, und ruft aus den ärmern und unfruchtbarern Gegenden in diese wollüstige und weichliche Länder

der wilde Völker herein, bringt Leben und frisches Blut in den kränklichen Körper, verleiht ihm dadurch Mannskraft und Stärke, neue Sitten und Gesetze, bis der zurückgebliebene Keim des Verderbens auch diese gesunden Theile ergreift. Aber in dem Fall, daß die Verderbnisse nicht alle Menschen dieses Volks angriffen, und daß noch etliche wenige besser und unbefangen wären: o wie sehr mußten sie sich an die Stelle ihrer ersten Stammväter, an den rieselnden Bach unter den Schatten eines fruchtbaren Baums, an die Seite eines liebenden fühlenden Mädchens zurückwünschen. Nun mußten sie es einsehen, welch ein Gut die Freyheit, und welche Thorheit es sey, einem zu große Gewalt zu übertragen. Sie konnten sich überzeugen, daß zu große Gewalt, und damit verbundne Impunität bey unmoralischen Menschen, wenn sie auch noch so gut scheinen, gar leicht zum Misbrauch führen.

Hier, da sie das Bedürfniß nach Freyheit, und ihren Fall am heftigsten fühlten, mußte bey ihnen der Wunsch nach Linderung entstehen. Sie glaubten mit der Veränderung des Despoten wäre dem Uebel gesteuert, alle Streiche fielen auf die Person des Tyrannen, keiner auf die Tyranney: sie stürzten den einen, um den andern zu erhöhen: oder höchstens durch das vorhergehende Beyspiel gewitzigt, beschränkten sie die Gewalt des neuen Beherrschers, die darum mit der Zeit doch nicht weniger absolut geworden, weil die Quelle des Uebels, der Mangel an

Mo-

Moralität nicht verstopft war, und so lange diese im Gange ist, hilft alle Revolution nicht; nachdem die Könige das Geheimniß gefunden, entweder in der Wahl der Repräsentanten des Volks ihren Antheil zu haben, ihre Anhänger dazu zu befördern, oder unter diesen die Corruption zu verbreiten, den Hunger nach Gold zu erwecken, oder durch Hofämter die Stimmen zu erkaufen, oder durch die stehende Miliz die Stimme des Vaterlandes zum schweigen zu bringen. Andere, welche die Gewalt eines einzigen durchaus verschmähten, wählten die popularische Verfassung. Aber sie fanden bald, daß die Freyheit ein Gut sey, dessen nicht ein jeder fähig ist, der sich erst kurz von dem Verderben der Monarchie losgerissen, daß die Geschäfte eines Volkes nicht allezeit vor der versammelten Volksmenge können behandelt werden. Zu diesem Ende wählten sie Vorsteher und Repräsentanten, die mit der Zeit vergaßen, daß sie ihre Aufträge erst vom Volk erhalten, und nicht in eignem, sondern fremdem Nahmen sich zu versammeln berechtigt wären. Diese gründeten also eine Aristocratie, in welcher die Klügern die Schwächern von Geschäften nach und nach entfernten, und also zur Oligarchie, und auf die nemliche Art bald darauf zur Monarchie und Despotismus zurückgiengen. Auf diese Art war nun der ganze Zirkel von Staatsveränderungen durchloffen, bis endlich die Höfe durch die Erfindung des Systems vom Gleichgewicht der Staaten die Revolutionen erschwerten, und dadurch sich das Recht ihre Untergebenen zu drücken und nach Willkühr zu behandeln, erst noch weiter befestigten. Dieses System des Gleichgewichts ist unter den Fürsten der Welt eine Art von stillschweigender Convention, sich durch die Eifersucht der einen, und die Hilfe der andern bey den großen innerlichen Zerrüttungen zu erhalten. Nunmehro brechen Rebellionen und Revolutionen der Völker seltner aus. Weil keiner dem andern den Besitz eines durch sich verfallenen Reichs gönnet, so erhalten sich solche noch bey all ihrer Schwäche: und wir sehen nicht so häufig, wie vordem, Staaten entstehen und vergehen, es müßten dann zuvor mehrere der Stärkern sich zum Raub und Vertheilung des sinkenden Reiches einverstanden haben: und Könige führen sich nun auf, wie unmoralische Menschen im natürlichen Zustande. Mit dem Besitz des ihrigen unzufrieden, begierig nach fremdem Gut, lauern sie auf jede Gelegenheit und günstige Umstände, um ihre Nachbaren zu übervortheilen, sich zu vergrößern, Treu und Glauben und Gerechtigkeit zu vergessen, und, um mehr zu erhalten, sich und andere von der Erde zu vertilgen. Dieses ist auch würklich die äußerste Stuffe vom menschlichen Verderben, sich einander wechselsweise stillschweigend alle Ungerechtigkeiten gegen sein eignes Volk zu garantiren; allgemeine Volks-Corruption zu begünstigen und zu wünschen, nur aus dem Verderben des einen für sich Vortheil zu ziehen. Und doch, o Natur und Vernunft! wie groß, wie unwidersprechlich sind deine Rechte! da, eben da, indem sich alles ver-

Priestergrab.

verschworen, sich wechselsweise zu Grund zu richten, muß das Gift zum Rettungsmittel dienen. Weil man Unterdrückung begünstigt, so hört solche auf, und die Vernunft fängt an, in ihre Rechte zu tretten, da wo man sie verdrängen will. Da jeder andere blenden will, so muß doch wenigstens er sehen, sich auf bessere Verfassung setzen, um über den andern Vortheil zu haben, und Vernunft und Wissenschaften begünstigen, eben weil er sie bey den andern verdrängen will. Dazu gehören Köpfe und vernünftige Anstalten, die Aufklärung des einen befördert die Aufklärung des andern, der sonst unterliegen würde. Könige sehen es selbst ein, daß es nicht gut sey, über eine Horde zu herrschen, der Druck fängt an zu verschwinden, und die Freyheit steigt aus ihrer Asche empor. Nun fängt die Gesetzgebung an vernünftiger zu werden, nun blühet das Eigenthum und Industrie. Nun giebt es Väter und Kinder, die Aufklärung verbreitet sich aus der schändlichen Absicht, listige Menschen zu bilden, um ein Mittel zur Befriedigung der Eroberungssucht der Könige, und zur Unterdrückung anderer zu werden, durch eine unerhörte Metamorphose, wieder durch die Eroberungssucht der menschlichen Natur und Vernunft abgenommen. Die Menschen untersuchen ihre ursprünglichen Rechte, und greifen endlich zu den so lang verkannten Mitteln, um die Gelegenheit zu benutzen, sich in der Mittelzeit zu verstärken, auf diese Art die bevorstehende Revolution des menschlichen Geistes zu befördern, sich vor dem

Rück-

Rückfall zu sichern, und über ihre bisherige Unterdrücker einen ewigen Sieg zu erfechten. Aber dieser Sieg würde von zu kurzer Dauer seyn, die Menschen würden nur gar zu bald in ihre vorige Erniedrigung zurückkehren; wenn nicht die Vorsicht von uralten Zeiten vorgearbeitet, und ihnen die dauerhaftesten Mittel dargeboten hätte, die sich bis auf unsere Zeiten erhalten, und die stille und sichere Triebfedern gewesen, um dereinst die Erlösung des Menschengeschlechts zu bewirken.

Diese Mittel sind geheime Weisheitschulen, diese waren vor allzeit die Archive der Natur und der menschlichen Rechte, durch sie wird der Mensch von seinem Fall sich erholen, Fürsten und Nationen werden ohne Gewaltthätigkeit von der Erde verschwinden, das Menschengeschlecht wird dereinst eine Familie, und die Welt der Aufenthalt vernünftiger Menschen werden. Die Moral allein wird diese Veränderungen unmerkbar herbeyführen. Jeder Hausvater wird dereinst, wie vordem Abraham und die Patriarchen, der Priester und der unumschränkte Herr seiner Familie und die Vernunft das alleinige Gesetzbuch der Menschen seyn.

Dieses ist eines unsrer großen Geheimnisse: vernimm die Beweise davon, und sodann die Art, wie es auf uns gekommen.

Durch

Priestergrab.

Durch welchen tollen Wahn und Kurzsichtigkeit haben sich doch Menschen vorstellen können, diese Welt und das Menschengeschlecht werde allzeit so, wie bishero auf diese Art beherrscht werden? Wer hat den Vorrath der Natur ergründet, und ihr, deren Gesetz Einheit in unendlicher Mannigfaltigkeit ist, hier die Gränzen angewiesen, und still zu stehen geboten? den alten Zirkel ewig zu durchlaufen, sich ewig zu wiederholen, oder blos allein die physische Gränzen der Herrschaft zu verrücken, und von der Monarchie aus, nun nach vollendetem Laufe von solcher neuerdings anzufangen? Seit wann ist unser Unvermögen vorher zu sehen, in die entfernteste Zukunft zu blicken, zugleich ein Schranken für die unaufhaltbare, sich einmal wiederholende Natur? Wer hat den Menschen, den besten, klügsten, aufgeklärtesten Menschen zur ewigen Knechtschaft verdammt? und den einzigen prädestinirten Knecht der Natur, oft den Schwächsten einer ganzen Nation, zur ewigen Herrschaft berufen? Das könnte nur der Gedanke eines Fürsten seyn, oder dessen, der Ehrgeitz genug hätte, die Herrschaft über andere besser zu verlangen. Warum soll das, was bishero doch allzeit geschehen, warum soll sich die politische Einrichtung nicht vielmehr nach der jedesmaligen Fähigkeit und Empfänglichkeit der Menschen richten? Warum, wenn der Grund aller Herrschaft hinwegfällt, soll die unselige Folge stehen bleiben? Warum soll es unmöglich seyn, daß das menschliche Geschlecht

schlecht zur höchsten Vollkommenheit, zur Fähigkeit, sich selbst zu leiten, gelangen könne? warum soll der ewig geführt werden, der sich selbst zu führen versteht? Sollte es also unmöglich seyn, daß das menschliche Geschlecht, oder wenigstens der gröste Theil dereinst volljährig werde? Kanns der eine, warum nicht auch der andere? Verfahrt mit dem andern, wie mit dem ersten, zeigt ihm sein wahres Interesse, lehrt ihn die große Kunst zu begehren, die Herrschaft seiner Leidenschaften, lehrt ihn fleißig von Jugend auf, wie nothwendig ein Mensch dem andern sey, daß man, um keine Beleidigung zu erfahren, sich auch der Beleidigung anderer enthalten, um von andern Wohlthaten zu erhalten, auch gegen andere wohlthätig seyn müsse. Verbreitet unter Menschen Duldsamkeit, Nachsicht, Bescheidenheit, Liebe und Wohlwollen, lehrt ihn das alles, macht es ihm durch Gründe, Erfahrung, Beyspiel fühlbar, und seht, ob dieser Mensch eines andern zu seiner Leitung bedürfe. Oder sollten wohl die meisten Menschen zu schwach seyn, diese einfache Grundsätze einzusehen, und sich davon zu überzeugen? O! dann ist es mit unserer Glückseligkeit vorbey! gebt euch keine weitere Mühe, Menschen zu bessern und aufzuklären, für welche die einfachsten durch die tägliche Erfahrung bestättigten Lehren der Vernunft schon unbegreiflich sind; warum erzoget ihr sie zu einer Religion, die für die einfachsten Stände ist, und doch die nemliche Lehren und Pflichten, die in euern Augen Unmöglich=

möglichkeiten sind, verbreitet? O Vorurtheil und Widerspruch in den Gedanken des Menschen! — Das Reich der Vernunft, die Fähigkeit sich selbst zu leiten, soll für den grösten Theil der Menschen eine Unmöglichkeit, ein Traum seyn, und auf der andern Seite erkennt sie doch das Vorurtheil als den beschiedenen Erbtheil jedes Königssohns, und der ganzen herrschenden Familie, so wie auch eines jeden andern, den eigne Genügsamkeit und günstige Umstände von andern unabhängig gemacht? Also soll die ganze Glückseligkeit des menschlichen Geschlechts ein ewiges Theil des Ungefährs bleiben? Sie diese einzige Günstlinge des Glücks sollen das schon als ein Vorrecht der Geburt besitzen, was sie doch solten zeigen, und was bey uns übrigen durch eine fatale Nothwendigkeit zur Knechtschaft bestimmten, Vernunft und Moral niemal zu bewirken im Stande wären? Ists zu geringes Gefühl seiner Würde oder eigene Kurzsichtigkeit, Unvermögen in die Zukunft zu schauen, Vorurtheil gegen sein eigenes Geschlecht, oder Prävention für den Despotismus, der uns auf diese Gedanken verleitet: oder sind wir schon gar zu tief unter unsre Würde gesunken, daß wir unsere Ketten nicht mehr fühlen, sie küssen, und sogar die ärgste Erniedrigung ertragen, als nur den Gedanken zu wagen, nicht durch Rebellion und gewaltsame Abschüttelung des Jochs, sondern durch Hilfe der Vernunft in die Freyheit zu tretten? Also! weil es morgen noch nicht geschieht, so wird es auch niemalen
gesche-

geschehen? laßt kurzsichtige Menschen daraus folgern, was sie nur wollen, sie werden schließen und schließen, und die Natur handelt, sie die unerbittlich gegen derley eigennützige Forderungen ist, geht ungehindert ihren majestätischen Gang fort; und an ihrer Hand sind wir berufen auf jenen großen Tag vorzuarbeiten.! Es mag immerhin hinwegfallen, was mancher nicht wollte, daß es hinwegfiele, alles wird sich wieder von selbst ordnen, die Ungleichheit gleich werden, und nach dem Sturm wird die Stille erfolgen. Alle unsre Einwürfe beweisen am Ende nichts weiter, als daß wir an die dermalige Einrichtungen zu sehr gewohnt, zu einer Zeit, wo wir nicht mehr daran Theil haben, doch zu verliehren glauben: und wir läugnen vielleicht blos darum die Möglichkeit einer allgemeinen Unabhängigkeit, weil uns das Gegentheil vortheilhafter ist, oder vielleicht selbst noch hoffen durch Recht oder Unrecht die Herrn und Gebieter von einer Heerde Menschen zu werden, und bey denen, so es würklich sind, da gestehen wir es gern, daß die Beredsamkeit aller Redner Griechenlands und Roms kaum hinlänglich sey, sie von einer Wahrheit zu überführen, die mit ihren Wünschen und Erwartungen in widriger Beziehung stehet, denn es gehört riesenmäßige Seelenstärke dazu, etwas auch gegen sein Interesse wahr zu finden. Hier erforsche sich jeder, ob er zu diesem Grad der Erleuchtung schon gekommen sey, dann erst werden ihm manche Dinge der Welt verständlicher werden.

Laßt

Laßt sie also lachen die Lacher, und spotten die Spötter, wer den Gang der Natur in den vorhergehenden Zeiten beobachtet, wer damit das Gegenwärtige vergleicht, der wird finden, daß solche unbetroffen, ihren unabänderlichen Weg zu ihrem Ziel fortschreite. Dem Blicke des ungeübten Denkers sind ihre Schritte unmerkbar, und nur dem unbefangenen Denker anschaulich, dessen Arbeit es ist in Jahrtausende hineinzublicken, und von dem hohen Mastkorb fernes Land zu entdecken, wo es der untenstehende Haufen noch nicht einmal vermuthet. Das untrügliche Merkmal der erlauchtesten Größe des Geistes. — Wen also die eben angeführten Gründe nicht überführen, der mag sich zu gänzlicher Ueberzeugung noch folgende Grundsätze bekannt machen, dann hoffe ich, soll auch er mit uns das Land in der Ferne sehen, und dieses Land Kanaan heissen. Er wird in der Geschichte des jüdischen Volkes die Geschichte des menschlichen Geschlechts finden, glücklich in ihrem ersten Ursprung, Familien-Regiment, patriarchalisches Leben, unterdrückt in Egypten, und von da aus flüchtig nach dem verheissenen Land, irrend in der Wüste, endlich glückliche Zeiten in Besitz ihres Landes, aber bald wieder unterjocht, bis aus seinem Mittel der Mann erschien, der der Befreyer seines Volks, und des ganzen Menschengeschlechts geworden. Dieses ist zugleich das kurze Bild unsrer ersten Würde, unserer nachmaligen Unterdrückung, unserer Wünsche und Hofnungen, unserer mislungenen

Versuche

Versuche, und unsrer endlichen Erlösung. Hier stehen wir in der Mitte. Seine heilige Moral muß die zweyte große Periode vorbereiten, und mitten durch die nachfolgenden übrigen traurigen Erfahrungen uns zum endlichen Ziel, zum 100jährigen *) ja ewigen Reiche der Wahrheit und Freyheit führen. Aber dazu gehören noch große Anstalten, welche die gegenseitigen Maschinen nach und nach unwirksam machen müssen. Von beyden wollen wir eine Zeichnung vorlegen. Wer Menschen unterjochen und von sich abhängig machen will, der erwecke unter ihnen Bedürfnisse, deren Befriedigung sie nur durch ihn erhalten können. Es ist unbeschreiblich, wie fest dieß unbedeutend scheinende Band ist. Brod, Taback, Caffe, Brandwein und dergl. sind die kräftigsten Maschinen des Despoten, wenn er seine schwere Hand darauf legt: Je häufiger und lebhafter und dringender diese Bedürfnisse werden, je mehr werden sie von ihm abhangen: er verbreite unter ihnen Furcht, Unwissenheit und Liebe zum sinnlichen Vergnügen.

Je weniger eine Nation mit den Gemächlichkeiten des Lebens bekannt ist, um so freyer ist sie noch: so bald die Völker des Nordens mit den Vergnügen des weichlichen Mittags bekannt wurden, so gieng auch ihre Freyheit verlohren. Weichliche Menschen sind die abhängigsten

---

*) Soll vielleicht heissen 1000jährigen.

ſten von allen. Wer eine Nation, die frey und wild iſt, unterjochen will, der mache ſie weichlich und wollüſtig. Die Kaufmannſchaft in ein Syſtem und in einen hierarchiſchen Körper geformt, wäre vielleicht der fürchterlichſte und despoteſte Körper, ſie wäre die Geſetzgeberin der Welt, von ihr hieng es vielleicht ab, dieſen oder jenen Theil der Welt frey und unabhängig zu machen, einen Andern in die Knechtſchaft zu führen; denn regieren heißt Bedürfniſſe erwecken, Bedürfniſſe vorherſehen, Bedürfniſſe unterdrücken und ſchwächen, und Bedürfniſſe befriedigen. Wer kann das ſo gut, als ſie?

Vielleicht wäre es nicht unmöglich durch vernünftige zweckmäßige Handels-Operationen den Völkern Sitten zu geben, oder zu nehmen. Wenigſtens hat die Entdeckung von Amerika die Sittlichkeit von Europa verändert. Wer Mangel und Ueberfluß zweckmäßig vertheilen kan, verſteht zugleich die Kunſt der Induſtrie; und den Neigungen der Menſchen ſowohl als Nationen eine andere Richtung zu geben. Aber freylich müſte dieſes Corps den Erwerb der Reichthümer nicht zum Zweck, ſondern zum Mittel machen. Es müſte die Kunſt verſtehen, nicht allzeit am Gelde zu gewinnen, ſondern auch zuweilen mit Vorbedacht zweckmäßig zu verliehren, um auf einer andern Seite auf eine Art deſto mehr zu gewinnen.

Wer alle Menschen frey machen will, der vermindre ihre unedle Bedürfnisse, deren Befriedigung nicht in ihrer Gewalt ist: der mache sie aufgeklärt, muthig, und verschaffe ihnen strenge Sitten: der lehre sie Mäßigkeit, Nüchternheit, und die große Kunst vernünftig zu begehren. Wer den Menschen Mäßigkeit, Genügsamkeit und Zufriedenheit mit ihrem Stand predigt, ist den Thronen weit gefährlicher, als wenn er den Königsmord predigte.

Wer unter Menschen eine allgemeine und dauerhafte Freyheit einzuführen gedenkt, der kläre die meisten auf, und lehre, sich mit wenigem zu befriedigen: der erwecke vernünftige, wechselseitige Bedürfnisse: der verhindere, daß nicht um des Bedürfnisses willen zu viel einer allein brauche, sonst entsteht bey den wenigern, die sie nicht brauchten, eben dadurch ein neues Bedürfniß, Furcht vor seiner Macht.

Aufklärung des einen, um den andern in Irrthum zu erhalten, giebt Macht, und führet die Knechtschaft ein.

Aufklärung um andere wieder aufzuklären, giebt Freyheit.

Wer also allgemeine Freyheit einführen will, der verbreite allgemeine Aufklärung: aber Aufklärung heißt hier nicht Wort- sondern Sachenkenntniß, ist nicht die Kenntniß von abstracten, speculativen, theoretischen

Kenntnissen, die den Geist aufblasen, und das Herz um nichts bessern.

Aufklärung ist, zu wissen, was ich seye, was andere seyn, was andere fordern, was ich fordere: zu wissen, daß ich mir nicht allein erklecklich bin, daß ich ohne Hilfe meiner Nebenmenschen nichts bin, sie als einen wesentlichen Theil meiner Glückseligkeit betrachten, ihren Beyfall, Gunst zu suchen, zu wissen daß ich solchen nicht erhalte auſſer durch Ausübungen, die ihnen nutzbar sind: zu wissen, daß wenn ich nichts für sie leiste, sie auch entgegen nichts für mich übernehmen, seine Prätensionen zu mäßigen; nachgiebig gegen Fehler, tolerant gegen anderer Meynungen, und mit seinem Schicksal zufrieden zu leben, trauren mit dem Leid des andern, ihm helfen, wo man kan, und sich freuen über ihre Freuden, so wie über seine eigene, seinen Ueberfluß zum Nutzen anderer verwenden: dieses allein verdient Aufklärung zu heiſſen. Gebet jedem Menschen diese Begriffe und Grundsätze. Wie kan ich leiden, untergehen, wie ist es möglich, daß ich ohne Hilfe zu Grund gehe? Könnt ihr nicht allen Menschen auf einmal diesen Grad der Aufklärung verschaffen, so fangt ihr, wenigstens ihr besser unter euch selbst an. Dient, helft, versichert euch wechselweis, vermehrt eure Zahl, macht euch wenigstens unabhängig, und laßt das übrige die Zeit und eure Nachkommen thun. Habt ihr euch auf eine gewisse Zahl durch euern Bund verstärkt,

stärkt, so seyd ihr sicher, und fangt an mächtig und fürchterlich zu werden, ihr fangt eben darum an, bey dem Bösen fürchterlich zu werden, viele von ihnen, um nicht zu unterliegen, werden von selbst gut werden, und zu eurer Fahne übertretten. Nun seyd ihr stark genug, dem noch übrigen Rest die Hände zu binden, sie zu unterwerfen, und die Bosheit eher im Keime zu ersticken. Der Weg, die Aufklärung allgemein zu machen, ist nicht mit der ganzen Welt auf einmal anzufangen: fang erst mit dir an, dann wende dich an deinen Nächsten, und ihr Beyde klärt einen Dritten und Vierten auf, die sich so lang weiter verbreiten werden, bis die Zahl und Stärke die Macht geben.

Wer also allgemeine Aufklärung verbreitet, verschaft zugleich eben dadurch allgemeine wechselseitige Sicherheit, und allgemeine Aufklärung und Sicherheit machen Fürsten und Staaten entbehrlich. Oder wozu braucht man sie sodann?

Wenn diese Aufklärung ein Werk der Moral ist, so nimmt auch Aufklärung und Sicherheit zu, in dem Maaß, wie die Moral zunimmt. Die Moral ist also die Kunst, welche Menschen lehrt volljährig zu werden, der Vormundschaft los zu werden, in ihr männliches Alter zu tretten, und die Fürsten zu entbehren.

Wie

Priestergrad.

Wie die Weichlichkeit und der Luxus überhand nehmen, so nimmt auch die Moral, die wahre Aufklärung und die Sicherheit ab.

Weichlichkeit macht die Fürsten nothwendig, ein Kunstgrif, den alle Despoten gebraucht, um National-Freyheit zu unterdrücken: und kein Fürst kan den Luxus und das Verderben der Sitten verdrängen ohne seine Macht zu entkräften. Verbannet aus der Monarchie den Luxus und sein Gefolg, so macht ihr es zur Democratie.

Wer Revolutionen bewürken will, der ändre die Sitten, er mache sie besser oder schlechter, so entsteht mit der Zeit eine Republik oder ein despotischer Staat. Die Bestättigung davon liegt in jeder Geschichte.

Wenns also unmöglich wäre, allgemeine Freyheit dereinst in die Welt einzuführen, so wäre es darum unmöglich, weil die Moral, und die einfachste auf die Erfahrung jedes Menschen gebaute Moral nicht allgemein werden kan. O! der muß den Reiz der Tugend und die Macht der Vernunft nicht kennen, er muß selbst in der Aufklärung zurück seyn, daß er so gering von seinem Wesen und von der ganzen menschlichen Natur denkt: er muß Verderben wünschen, weil er das Verderben von Menschen untrennbar glaubt. Konnte ichs oder er selbst, warum nicht ein anderer? Er thue nur

nur das, was wir beyde gethan: man konnte Menschen zum Tod, zu aller Art von religiöser und politischer Schwärmerey, zur Selbstpeinigung und zur Verzicht auf alle Freuden des Lebens hauffenweis bereden, so bereden, daß man ihnen Ruhe und Zufriedenheit nehme, sobald man ihnen ihre Meynungen entzogen: und die einzige wahre Leitung der Menschen zu ihrer Glückseligkeit sollte allein einer Unmöglichkeit unterworfen seyn? Die Menschen sind so bös nicht, als sie schwarzgallichte Moralisten beschreiben, sie sind bös, weil man sie dazu macht, weil sie alles dazu auffordert, Religion, Staat, Umgang und böses Beyspiel. Sie würden gut seyn, wenn man sich die Mühe damit geben wollte, wenn das Interesse vieler nicht zu sehr dabey gekränkt würde, wenn sich nicht Alles verschworen hätte, Menschen bös zu erhalten, um seine darauf gebaute Macht zu erhalten.

Denkt von der menschlichen Natur würdiger, geht muthig an das Werk, und scheuet keine Schwierigkeit. Macht die obige Grundsätze zu Meynungen, und laßt sie in die Sitten übergehen: und endlich macht die Vernunft zur Religion der Menschen, so ist die Aufgabe aufgelößt, ändert aber dabey nicht auf einmal die ganze Welt, ändert zuerst die, so euch die nächsten sind, und wenn jeder seinen Nächsten ändert, so werden alle geändert.

Priestergrad.

Wenn dann die Moral, und die Moral ganz allein diese große Veränderung hervorbringen soll, dem Menschen seine Freiheit zu geben, das große herrliche Reich, das Reich der Edeln zu errichten, und Heuchelei, Laster, Aberglauben und Despotismus zu zerstören, so wird uns begreiflich, warum der Orden von seiner untersten Klasse an, die Sittenlehre, die Kenntniß seiner selbst und anderer so gewaltig empfohlen, warum er jedem Neuling erlaubt, seinen Freund herüber zu führen, um den Bund zu verstärken, und eine Legion zu errichten, die mit größerm Grund, als jene zu Theben, den Namen der Heiligen und Unüberwindlichen führet, weil hier Freund an der Seite des Freundes fest an einander geschlossen, streitet, und die Rechte der Menschheit, der ursprünglichen Freyheit und Unabhängigkeit vertheidigt. Aber die Moral, welche dieses bewirken soll, muß sich nicht mit Spitzfindigkeiten abgeben, den Menschen erniedrigen, und unter seine Würde herabsetzen, sorgenlos gegen das Zeitliche machen, den Genuß und die unschuldigen Freuden des Lebens verbieten, den Menschenhaß befördern, den Eigennutz ihrer Lehrer begünstigen, Verfolgung und Intolerantismus gebieten, der Vernunft widersprechen, den vernünftigen Gebrauch der Leidenschaften untersagen, Unthätigkeit, Müßiggang, Verschwendung der Güter an heilige Müßiggänger als Tugend vorstellen, und schon von Menschen gepeinigte Menschen mit der Furcht der Hölle und des Teufels zur Kleinmuth und Verzweiflung verführen. Sie muß dem Menschen keine Unmöglichkeiten aufbürden, sondern das Joch, das sie ihm auflegt, muß süß und die Bürde leicht seyn.

Es muß vielmehr die so sehr verkannte, vom Eigennutz mißbrauchte, mit so vielen Zusätzen vermehrte, und ihrem wahren Sinn nach, blos in Geheim fortgepflanzte, und auf uns überlieferte göttliche Lehre Jesu und seiner Jünger seyn.

Dieser unser große und unvergeßliche Meister Jesus von Nazareth erschien zu einer Zeit in der Welt, wo solche in allgemeinem Verderbniß lag, unter einem Volk, das den Druck der Knechtschaft von undenklichen Zeiten am nachdrücklichsten fühlte, und auf seinen von Propheten vorher verkündigten Erlöser hoffte, in einem Lande, das in der Mitte der dermalen bekannten Welt lag. Dieses Volk lehrte er die Lehre der Vernunft, und um sie desto wirksamer zu machen, machte er sie zur Religion, benutzte die Sage, die unter dem Volk gieng und verband solche auf eine kluge Art mit der dermal herrschenden Volksreligion und Gebräuchen, in welche er das innerliche und wesentliche seiner Lehre verborgen. Die ersten Anhänger seiner Lehre sind keine weise, sondern einfältige, aus der untersten Klasse des Volks herausgewählte Männer, um zu zeigen, daß seine Lehre allgemein für alle Klassen und Stände der Menschen möglich

möglich und begreiflich seye: und daß es kein ausschlieſ
ſendes Vorrecht der Vornehmern ſeye, den Wahrheiten
der Vernunft Beyfall zu geben, er zeigte nicht den Juden allein, ſondern dem ganzen menſchlichen Geſchlechte
durch die Beobachtung ſeiner Gebote den Weg zu ſeiner
Errettung, er handelt dieſer Lehre durch den unſchuldig
ſten Lebenswandel in allem gemäß, und verſiegelt und
beſtättigt ſolche mit ſeinem Blut und Tode.

Dieſe Gebote, die er als den Weg zur Rettung anzeigt, ſind zwey einzige: Liebe Gottes, und Liebe des
Nächſten; mehr fordert er von keinem. Dieſe Liebe gegen
ſeines Gleichen hat noch niemand vor ihm ſo reitzend und
liebenswürdig vorgetragen, wir ſollen andre lieben, ſo wie
uns ſelbſten, ſo wie wir wollen, daß die Menſchen uns
thun, ſo ſollen wir ihnen thun: und was wir nicht wollen,
daß ſie uns thun, das ſollen wir auch nicht thun. Ein Gebot,
das die ganze Moral und das ganze Recht in ſich faſſet.
Aus der Liebe, ſo jemand zu den andern trägt, ſoll man
untrüglich erkennen, daß dieſer ſein Jünger ſeye, und er
verkündigt dieſe Liebe als ein neues Gebot: er gebietet
uns anbey unſern Feinden zu vergeben, auf daß auch uns
vergeben werde. Und wer kan ohne innigſtes Gefühl und
Rührung die göttliche Vorſchrift von unſerm Betragen
bey Matth. 10. und 11. Cap. durchleſen, ohne daß bey
ihm der Gedanke entſtehe, daß eine Welt, ſo gebildet,
dem Menſchen die gröſte Seligkeit ſeyn müſte. Wenn
Jeſus

Jesus an eben dieser Stelle spricht, daß er nicht gekommen sey, Frieden zu senden, sondern das Schwerdt, und den Menschen zu erregen wider seinen Vater, und die Töchter wider ihre Mütter ꝛc. so will er dadurch diese natürliche Bande nicht zertrennen, sondern nur das Unordentliche und Uebermäßige dieser Neigung mäßigen: Man soll sie nur allein nicht mehr lieben, als ihn, als seine Gebote; das heißt, diese Neigung soll in ihrem Uebermaß nicht bis zur Beleidigung der übrigen Menschen getrieben werden: und wenn Jesus die Verachtung der Reichthümer predigt, so will er uns vielmehr dadurch derselben vernünftigen Gebrauch lehren, und zu der von ihm eingeführten Gemeinschaft der Güter vorbereiten: wir sollen solche nicht zu unserm Zwecke machen, wir sollen uns dadurch nicht zu dem schändlichen, und ungeselligen Geiz oder zur Verschwendung verleiten lassen, sondern unsern Ueberfluß zum Besten Anderer, derer, so es bedürfen, nach dem Gesetz der Liebe verwenden.

Niemand hat die Bande der menschlichen Gesellschaft so sehr in ihre richtige Gränzen zurückgeführt und befestigt: niemand so sehr zum wechselweisen Wohlwollen aufgefordert: niemand sich in den Begriff seiner Zuhörer so nahe hineingedacht und angeschlossen, und dabey den hohen Sinn seiner Lehre so klüglich verborgen: und niemand hat den Menschen den Weg zur Freyheit so sicher und so leicht gebahnt; als unser großer Meister Jesus von Nazareth.

Diesen

Priestergrab.

Diesen geheimen Sinn und natürliche Folge seiner Lehre hat er zwar im Ganzen verborgen: denn Jesus hatte eine geheime Lehre, wie wir aus mehr, denn einer Stelle der Schrift ersehen.

Er sprach vor denen, die er nicht wollte, daß sie ihn ganz begreiffen sollten, in Gleichnissen: er verspricht seinen Jüngern den Geist der Wahrheit, welchen die Welt nicht empfangen kann: denn sie sieht ihn nicht, und kennt ihn nicht, sie aber die Jünger kennen ihn, denn er bleibt bey ihnen und wird in ihnen seyn. Und an einem andern Ort spricht er zu seinen Jüngern: Euch ist gegeben, daß ihr das Geheimniß des Himmelreichs vernehmt. Diesen aber, die daraussen sind, ist's nicht gegeben. — Mit sehenden Augen sehen sie nicht, und mit hörenden Ohren hören sie nicht: denn sie verstehen es nicht.

So geheim er aber auch den wahren Sinn seiner Lehre vor der Menge gehalten, so hat er solchen doch durch seine Reden und Thaten an verschiedenen Stellen geoffenbart: er spricht beständig von einem Reiche der Gerechten und Frommen: von einem Reiche seines Vaters, dessen Kinder er und wir sind: und weil wir alle, hohe und niedrige, Kinder eines gemeinschaftlichen Vaters Gottes sind, so will er, daß wir uns als Brüder kennen und lieben. Durch diese wahre innige Bruderliebe werden wir wahre Söhne Gottes, wenn wir diesen Willen

Willen des Vaters thun. Da er es Allen that, und im hohen Grade that, kannte er den Vater allein: war allein sein geliebter eingebohrner Sohn. Niemal hatten wir zuvor Gott unter dem süßen Nahmen eines Vaters gekannt, niemal wurden wir so deutlich belehrt, daß wir Brüder sind. Durch ihn erfuhren wir, daß wir alle nur einen Herrn unsern Gott haben: und dieser Herr ist Vater: wir seine Söhne, Kinder, Brüder, wenn wir seinen Willen thun. Er und der Vater ist eines: denn sie hatten nur einen Willen: und seine Werke beweisen es, daß er vom Vater gesandt seye, und daß ihm alle Macht gegeben worden. Der Glaub allein an ihn, an seinen Vater und seine Gebote macht unmögliche Dinge möglich: durch den Glauben werden sich Gebürge von ihrem Platz bewegen. Sein Reich leidet Gewalt; denn man hat es mit Bestreitung seiner Leidenschaften zu thun: die dazu Stärke genug haben, sind die Gewaltigen, und diese allein werden es davon reißen. Man hat dabey nicht allein mit sich, auch mit den Bösen, mit dem Verderben der Welt zu kämpfen. Er lehret uns die Kunst vernünftig zu begehren, indem er uns aufträgt, den Vater zu bitten, daß nicht unser sondern sein Wille geschehe: allen Erfolg als den Willen des Vaters anzusehen, und uns im Unglück zu beruhigen, weil solches der Einrichtung der Welt, dem Willen des Vaters gemäß geschehen mußte. Er ertheilt die Gewalt zu binden und aufzulösen: er will eine Gemeinde errichten, gegen welche

die

Priestergrab.

die Hölle nichts vermögen soll; er hat andere Schafe, die nicht aus diesem Schafstalle sind: es wird eine Zeit kommen, wo ein Hirt und ein Schafstall seyn wird. In der Auferstehung werden alle gleich seyn, wie die Engel Gottes. Er stellt uns die Kinder als Muster vor wegen der Unschuld ihrer Sitten, und gebietet uns, wie sie zu werden, um ihnen ähnlich zu seyn. An einem andern Orte sagt er: so ihr bleiben werdet an meiner Rede, so seyd ihr meine rechte Jünger, und werdet die Wahrheit erkennen, und die Wahrheit wird euch frey machen — Viele, die da die ersten sind, werden die letzten, und die letzten die ersten seyn. Niemalen konnt er es leiden, daß einer unter den seinigen vornehmer seyn sollte, als der andere. Ihr wisset, sagt er, daß die weltliche Fürsten herrschen, und die Oberherrn haben Gewalt. So soll es nicht seyn unter euch: sondern so jemand unter euch will gewaltig seyn, der seye ein Diener: und wer da will der Vornehmste seyn, der sey euer Knecht, gleichwie des Menschensohn gekommen ist: nicht, daß er ihm dienen lasse, sondern daß er diene und gebe sein Leben zu einer Erlösung für Viele. Er selbsten lebte mit seinen Jüngern in der Gleichheit der Güter, die sich auch eine Zeitlang nach seinem Tod noch in der Kirche zu Jerusalem erhielt. Als er den Jüngern die Füße wusch, und sich Petrus weigerte, sprach er zu ihm: werde ich dich nicht waschen, so hast du keinen Theil in mir. Ihr heisset mich Meister und Herr, und sagt recht daran, denn ich

bins

bins auch: so nun ich euer Herr und Meister euch die Füße gewaschen habe, so sollt ihr auch euch unter einander die Füße waschen. Ein Beyspiel habe ich euch gegeben, daß ihr thut, was ich euch gethan habe. Wahrlich, wahrlich sag ich euch, der Knecht ist nicht größer dann sein Herr, noch der Apostel größer, dann der, der ihn gesandt hat. So ihr solches wisset, selig seyd ihr, so ihr solches thut.

Wenn nun der geheime durch die Disciplinam Arcani aufbehalten, und durch seine Reden und Thaten selbst hervorscheinende Zweck seiner Lehre war, den Menschen ihre ursprüngliche Freyheit und Gleichheit wieder zu geben, und ihnen den Weg dazu zu bahnen, so werden nunmehro viele vorhin unverständliche und widersprechende Dinge begreiflich und sehr natürlich. Nun wird auch der, welcher an die Geheimnisse der gewöhnlichen christlichen, von den Pfaffen verunstalteten Religionen nicht glaubt, und welchen man gewisse darunter verborgene, noch größere Geheimnisse vorerst nicht enthüllen darf, doch kein Bedenken finden, Jesum den Erlöser und Heiland der Welt zu nennen. Nun klärt sich die Lehre von der Erbsünde, von dem Fall der Menschen, von der Wiedergeburt auf. Nun weiß man, was der Zustand der reinen Natur, der Zustand der gefallenen Natur, und das Reich der Gnade sey. Da der Mensch aus dem Stande seiner ursprünglichen Freyheit getret-

getretten, so hat er den Stand der Natur verlassen, und hat an seiner Würde verlohren; indem er seinen ursprünglichen Leidenschaften und Trieben zu viel aufgegeben, und seinen Gelüsten und sinnlichen Begierden nicht widerstehen konnte. Menschen in Staaten leben also nicht mehr im Stande der reinen, sondern der gefallenen Natur. Wenn sie durch Mäßigung ihrer Leidenschaften, und Beschränkung ihrer Bedürfnisse ihre ursprüngliche Würde wieder erhalten, so ist dieß ihre Erlösung, der Zustand der Gnade. Dazu gelangen sie vermittels der Sittenlehre: und die vollkommenste dahin führende hat Jesus gelehrt. Wenn diese Verbreitung der Moral, die Lehre Jesu allgemein seyn wird, so entsteht auf Erden das Reich der Frommen und Auserwählten.

Dieß Reich ist uns in vielen Stellen der Bibel vorher verkündigt, und muß gewiß erscheinen. Man sehe nur die Stelle in dem Buch, welches man die Apokalypse oder Offenbarung Johannis nennt; darauf zielt das ganze 6te und 7te Cap., mahlt uns die ungeheuern Mißbräuche, welche in die Welt durch die Staatsverfassungen eingedrungen sind. Wie die Menschen sich einander unterdrücken, erwürgen, betrügen, kränken, verfolgen, tyrannisiren. Das 8te und 9te Cap. schildert dagegen die Rächer der Menschen, welche aber nichts, so das Siegel Gottes an der Stirne trägt, antasten, sondern nur die Tyranney bekämpfen werden. Jeder wird unverletzt bleiben v. 20. Cap. 9. der nicht seine Kniee gebeugt hat vor den Götzen. Diese sollen (Cap. 10. v. 7.) vollenden das Geheimniß Gottes. Alsdann wird sich alles umkehren (Cap. 13. v. 10.) und wer Andere beleidigen will, wird unterdrückt werden. Dann wird Cap. 15, v. 3. erfüllt, was der Dichter Moses gesungen hat. Ferner Cap. 21, v. 1 und 12, 22. Cap. 22. v. 3 u. 4. Cap. 3. v. 12. Cap. 14. v. 12. Selig sind Cap. 19, v. 9. die das Liebesmal des Herrn genossen haben. Nur diese Cap. 20, v. 6. haben Theil an dieser Auferstehung. Gott hat sie zu Königen und Priestern gemacht, Cap. 5, v. 10. und wir werden Könige auf Erden seyn. Jesus hat uns Cap. 1, v. 5. 6. dieses Königreich bereitet, seinem königlich priesterlichem Geschlechte die Ewigkeit errungen und eine bestimmte Zahl der besten Erleuchtsten Cap. 4, v. 4. 5. mit Erkenntniß und Gewalt versehen.

Unzählig sind auch die Stellen der Schriften in den alten Propheten, wo uns dieses goldne Zeitalter verheissen wird. Allgemeine Aufklärung wird erst den Menschen den Zustand ihres vorigen Elends und ihrer gegenwärtigen Glückseligkeit begreiflich machen. Sie werden einsehen, daß sie sich durch Entfernung von den Vorschriften Jesu wieder unterwürfig machen. Diese Aufklärung also, diese Gnade wird machen, daß die Menschen nicht mehr fallen, und daß dieser Zustand fortdauern wird.

Diese

Diese drey Zustände werden in der Hieroglyphie unsrer Freymaurerey durch den rohen gespaltenen, und glatten Stein vorgestellt. Der erste ist der erste Zustand des menschlichen Geschlechts im Stande der Wildheit. Der zweyte die Hieroglyphie der gefallenen, abgewürdigten Natur, des Menschen in Staaten: und dieser mittlere Stein ist gespalten, weil in diesem Zustande das menschliche Geschlecht nicht mehr eine Familie ausmacht, sondern durch Verschiedenheit der Regierung, Länder und Religionen unter sich getheilt ist: so bald dieser gemachte Unterschied verschwindet, sobald wird dieser gespaltene Stein wieder ganz. Und daher ist der dritte die Hieroglyphie des Zustands von unsrer zurückerhaltenen Würdigung unsers Geschlechts. Der flammende Stern mit dem Buchstaben G. ist die Auffklärung, die Gnade, Gratia, die uns leuchtet auf unsern bisherigen Irrwegen. Die, in welchen diese Gnade wirkt, sind die Erleuchteten, Illuminati: ein Nahme mit welchem in der ersten Kirche alle Christen nach der Taufe, hiemit alle Glaubigen belegt wurden.

Wäre man nun bey der Lehre Jesu und seiner Jünger getreu verblieben, so würden in kurzer Zeit alle Menschen zu ihrer Freyheit gelangt seyn. Aber diese, wenn sie nicht durch die Disciplinam Arcani aufbehalten worden, wäre bald gänzlich vergessen worden. Jesus selbst kündigte es schon vorhero, daß viele falsche

Propheten entstehen werden: daß aber seine Lehre und sein Wort dennoch ewig dauern werden: und seine Auserwählte, die beynahe Gefahr gelaufen wären, verführt zu werden, wird der Engel mit der Posaune nach vielen ausgestandnen Trübsalen von allen 4 Winden her versammeln. Es wird sodann eine neue Erde und ein neuer Himmel seyn. Bey den meisten Menschen gieng die wahre Bedeutung verlohren: sie stritten sich über Dinge, die sich zu unsrer Glückseligkeit gleichgültig verhalten. Eigennützige und herrschsüchtige Menschen mischten ihre Spitzfindigkeiten hinein: und die Geistlichkeit war der einzige Stand, der sich die Unabhängigkeit zu verschaffen wußte. Das Rettungs-Mittel wurde zu unserer Unterdrückung angewandt. Da entstand dann das herrliche Ding die Theologie, das Pfaffen- und Schurken-Regiment, das Pabstthum, der geistliche Despotismus. Dieser stieg so hoch, daß die Thronen der Fürsten selbst gewaltthätig erschüttert wurden. Diese neue Gewalt und Unterdrückung war um so schrecklicher, als sie sich sogar auf Meynungen und Gedanken erstreckte. Bisher hatten die Menschen nicht, wie sie wollten, handeln können. Nun durften sie auch nicht denken, was sie wollten. Nun wurde die Lehre Jesu Sophisterey, Eigennutz; man handelte nicht mehr, sondern man speculirte. Man verfolgte sich darüber, und es ward ein Gesetz der Religion, sich einander von der Erde zu vertilgen. Bis dorthin hatten sich die Menschen blos in

ihrem

Priestergrab.

ihrem eignen Nahmen unterdrückt: nun sollte der Frevel und Despotismus vollends so weit getrieben werden, daß sie sich im Nahmen Gottes unterdrückten; und ein Mörder, Hurer und Betrüger, der Transsubstantiation glaubte, hatte ein besseres Schicksal, als der redliche Tugendhafte, der unglücklicherweise nicht begreifen konnte, wie ein Stück Mehlteig zugleich ein Stück Fleisch seyn konnte. Die Menschen hatten von dem allen den einzigen Vortheil, daß nnnmehro das Schicksal auch ihre vorhergehende Unterdrücker betraf: und auf diese Art ist die Geschichte des menschlichen Geschlechts die Geschichte der Usurpationen und der schmerzendsten Unterdrückungen. Man kann sich vorstellen, daß das Schicksal der alten und neuen Anhänger Jesu, so wie ihnen solcher es vorher gekündigt, elend und traurig war. Sie mußten sich nunmehr zweymal geheim halten. Sie verbargen daher ihre ächte Lehren unter Hieroglyphen, sich aber unter dem Nahmen anderer geheimer Gesellschaften; und dies um so mehr, als wirklich der große Haufen derer die sich Christen nennen, gar keine Begriffe vom wahren Geiste dieser heiligen Legion *) hat. Diese Vorsicht war denn auch öfter äußerer Verfolgungen wegen nöthig, und sie feyerten unter diesen Hieroglyphen das Andenken ihres großen Lehrers, und erwarteten

sehn-

---

*) Im Mnscpt. steht Legion; es scheint aber hier Religion heissen zu müssen, wenn gleich das Wort Legion auch sonst von dem Orden gebraucht wird.

sehnlichst die Zeit, wo sie in ihre erste Rechte und ursprüngliche Reinigkeit zurück tretten, und der Welt in vollem Lichte erscheinen möchten.

Unter den drey Steinen stellten sie die drey Zustände des menschlichen Geschlechts vor. Hieram ist unser, für das Beste der Welt erschlagene, Meister Jesus von Nazareth. Der Nahme Hieram ist entstanden, aus den Anfangs-Buchstaben folgender Worte: Hic Iesus est restituens amorem mundi: oder wie andere lesen: Hic Iesus est resurgens a mortuis. Dahin deutet auch das Rabbinische Wort Mac-benac: er hat den Sohn erschlagen. Da nach der Lehre Jesu die Menschen zu ihrer Freyheit durch Gerechtigkeit und Wohlwollen gelangen, so werden diese durch zwey Säulen mit den Buchstaben I. und B. Iustitia und Benevolentia angezeigt, als auf welchen beyden Grundsäulen das Gebäude der menschlichen Unabhängigkeit beruht. Das Winkelmaaß, Senkelbley ꝛc. sind die Symbolen und Hieroglyphen der Rechtmäßigkeit unsrer Handlungen, mit welchen wir ihr Verhältniß zum Zwecke bestimmen und abmessen. Die 9 Meister, welche den erschlagenen Hieram gesucht, stellen die ersten Stifter des Ordens vor, welche die unter Menschen verloschne Menschenliebe nach der Lehre ihres erschlagenen Meisters wieder unter sich in Gang gebracht, und sie von den Schlacken und menschlichen Zusätzen gereinigt. Und weil die Freymäurerey die Menschen die

Kunst

Priestergrad.

Kunst lehrt, sich selbst zu beherrschen, so wird sie eine königliche Kunst genannt. Sonne, Mond und Sterne sind die verschiednen Grade der Erleuchtung, welche den Menschen auf seinem Weg zu diesem Zweck erhält.

Und so wäre also der Zweck der ächten Freymaurerey durch thätiges Christenthum, durch die Verbreitung der Lehre Jesu, und durch die Auffklärung der Vernunft, die Menschen zu ihrer Freyheit fähig zu machen: die Welt, und die durch verschiedne Einrichtung getrennte Menschen in eine Familie zu vereinigen, und das Reich der Gerechten und Tugendhaften herbeyzuführen. Aber gleichwie bishero noch keine menschliche auch noch so heilige und ehrwürdige Erfindung unentweiht geblieben, so mußte eben auch die Freymaurerey gleiches Schicksal erfahren. Menschen, die schon auf dem Weg des Lichts waren: in diese heilige Verbindung aufgenommen, aber noch vor der gänzlichen Entwicklung sich durch ein widriges Betragen von dem schon so gut angetrettenen Wege entfernten, fielen auf den Wahn, die in dem Vorhofe des Heiligthums gesammelte unvollständige Kenntniß zu nutzen, und unter der Aehnlichkeit abgeborgter Gebräuche andere Menschen in ihren Erwartungen zu hintergehen, und zu ihren oft schändlichen Absichten als Werkzeuge ihres Eigennutzes und Ehrgeißes zu gebrauchen: Da bey diesen ihren Einrichtungen der Grund nicht tief gelegt wurde, um in die verdorbene Welt zu wirken: da ihnen der Zweck und das Geheimniß selbst noch verborgen war, und sie doch ihre

Anhänger zu großen Erwartungen vorbereitet hatten, so verfielen sie in Ermanglung des Besseren, um die Entdeckung des Betrugs noch länger hinauszuschieben, auf verschiedene Wege. Sie erfanden Grade über Grade: sie suchten endlich den so natürlichen Hang des Menschen zum Wunderbaren zu reitzen, seine Einbildungskraft zu erhitzen, die Vernunft zu betäuben. Nun gaben Menschen, die sich mit andern doch sehr schlecht betrugen, so gar vor, mit unsichtbaren Wesen im vertrauten Umgang zu leben. Man sprach von Eingebungen, Offenbarung, Begisterung. Man riß die gegen das Gegenwärtige schon ohnehin sorglose Menschen über solches hinweg, um in die Zukunft zu sehen: so gar die schädlichste von allen Neigungen, die Quelle der unersättlichen Verschwendung, der Verderbniß der Sitten, und des ungesellschaftlichen niederträchtigen Geitzes, die Begierde nach Gold wurde gereitzt; alles alte hervorgesucht, und nichts unversucht gelassen, um Unvernunft, Aberglauben, Thorheiten, und schlechte Sitten zu verbreiten; die guten Arbeiter zu hindern, und die Menschen durch eine Art von Betäubung gegen ihr Elend und Unglück fühllos zu machen. Hätten nicht noch die Edeln und Auserwählten im Hinterhalt gestanden, dem einbrechenden Verderben gewehrt, und das krachende und sinkende Gebäude mit ihren Schultern unterstützt, so wäre neues Verderben über das Menschengeschlecht hereingebrochen, und durch Regenten, Pfaffen, und Freymaurer die Vernunft von der Erde verbannt wor-

worden, und solche statt der Menschen mit Tyrannen, Heuchlern, Mördern, Gespenstern und Leichen und Menschen ähnlichen Thieren überschwemmt worden. Und eben da uns diese Beförderer der Finsterniß den Untergang zugedacht, haben sie die Legion der Auserwählten um so mehr verstärkt, indem sie durch die falschen Nebenthore den einzigen Zutritt gegen den Vorwitz, das Eindringen und die Verfolgung der Unheiligen um so tiefer verborgen. Es wäre sehr gefehlt zu glauben, daß dieser der einzige Vortheil seye, den unsere Verbindung und die Welt von diesen Aftergeburten zieht. Wenn sie auch nicht zum Zweck gelangen, so bereiten sie den Weg. Sie erwecken ein neues Interesse: Sie öfnen neue vorher unbekannte Aussichten: Sie erwecken den Erfindungsgeist, und die Erwartung der Menschen; Sie machen gleichgültiger gegen das Interesse des Staats, bringen Menschen von verschiedenen Völkern und Religionen wieder zu einander unter ein gemeinschaftliches Band, entziehen den Arbeiten des Staats und der Kirche die fähigsten Köpfe und Arbeiter, bringen Menschen zusammen, die sich vorhero nicht kannten, vielleicht einmal gekannt hätten; untergraben eben dadurch den Staat, wenn sie es gleich nicht zum Zweck haben; stoßen und reiben sich gegen einander; lehren die Menschen die Kraft vereinigter Kräfte einsehen, das Unvollkommene ihrer bisherigen Verfassungen entdecken, machen durch das Unvollkommene, und so oft bekannt gemachte ihrer Einrichtungen, daß der Gegentheil und öffentliche Regierung in sie kein Mistrauen setzen: dienen einer bessern klügern Einrichtung zur Maske, und setzen uns dabey in Stand, ihre bessere, lange in der Irre geführte Menschen nach gehöriger Vorbereitung in unserm Schoos und Mittel zu vereinigen. Sie schwächen dahero den Feind, wenn sie ihn gleich nicht besiegen, und vermindern die Zahl und den Eifer seiner Streiter; Sie zerstreuen seinen Haufen, um den Angriff zu verhüten: und so wie die neue Verbindungen an der Zahl und Klugheit sich auf Unkosten der alten verstärken, so müssen diese nach und nach von selbsten zerfallen. Da noch überdas dieses Bestreben nach geheimen bessern Verbindungen in unserm unaufhörlich würkenden Triebe zur Glückseligkeit und in dem Mangelhaften aller bisherigen alten Einrichtungen sich gründet, und natürlich und nothwendig daraus entstehen mußte, so ist alles Bestreben der Fürsten, ihren Fortgang zu hindern, gänzlich vergeblich. Dieser Funke kan noch lange Zeit gedeckt unter der Asche glimmen: aber er wird gewiß dereinst in helle Flamme ausbrechen: denn die Natur wird es müde, dieses alte Spiel ewig zu wiederholen, und selbst, je größer der Druck und die Verfolgung seyn werden, um so mehr werden Menschen es fühlen, und Aenderung suchen, und mit um so größerer Feinheit sie suchen. Dieser Same zu einer neuen Welt ist nunmehr unter Menschen geworfen, er hat Wurzel geschlagen, und hat sich zu allgemein verbreitet, als daß gewaltsame Ausrottung die Erndte verhindern könnte.

Al-

Priestergrad.

Alles, was noch geschehen kan, ist, daß die Zeit der Erndte noch länger hinausgesetzt wird. Vielleicht vergehen Jahrtausende oder hunderttausende darüber: aber früher oder später muß die Natur doch ihr Tagwerk vollenden, und unser Geschlecht zu der im ersten Anfang schon vorbestimmten Würde erhöhen. Wir aber verhalten uns dabey als Zuschauer und Werkzeuge der Natur: beschleunigen keinen Erfolg, und erlauben uns keine andere Mittel, als Aufklärung, Wohlwollen und Sitten unter Menschen zu verbreiten: und des unfehlbaren Erfolgs gesichert, enthalten wir uns aller gewaltsamen Mittel, und begnügen uns damit, das Vergnügen und die Glückseligkeit der Nachwelt schon so fern vorhergesehen, und durch die unschuldigsten Mittel den Grund dazu gelegt zu haben. Wir beruhigen uns dabey in unserm Gewissen gegen jeden Vorwurf, daß wir den Umsturz und Verfall der Staaten und Thronen eben so wenig veranlasset, als der Staatsmann von dem Verfall seines Landes Ursach ist, weil er solchen ohne Möglichkeit der Rettung vorher sieht. Als fleißige und genaue Beobachter der Natur verfolgen und bewundern wir ihren unaufhaltbaren majestätischen Gang, freuen uns unsers Geschlechts, und wünschen uns Glück, Menschen und Kinder Gottes zu seyn.

Bemerke aber genau und sorgfältig: wir bringen dir diese Lehre nicht auf: folge niemand als der erkannten Wahrheit: gebrauche als ein freyer Mensch auch hier und noch

noch ferner dein ursprüngliches Recht zu forschen, zu zweifeln, zu prüfen. Weißt du oder findest du irgendwo was besseres, so theile uns deine Einsichten mit, so wie wir dir nichts verhelen. Wir schämen uns unserer Endlichkeit nicht. Wir wissen, daß wir Menschen sind; daß es das Werk der Natur und der Antheil der Menschen seye, nicht auf einmal das Beste zu erreichen, sondern Stuffenweis fortzurücken, durch unsere Fehler klug zu werden, und die Einsichten unsrer Voreltern zu benutzen, um kluge Söhne zu werden, die einst noch klügere Enkel zeugen sollen. Also, wenn dir dieses alles wahr scheinet, so nimm alles: ist ein Irrthum darunter, so macht er dich darum gewiß nicht schlechter. Gefällt dir nichts, so verwirf alles ungescheut, und denke, vielleicht war manches nur Aufforderung zum weitern Forschen. Gefällt dir das eine, aber nicht das andere, so suche heraus das, was dir gefällt. Wenn du ein Erleuchteter bist, so bringt dein Blick gewiß dahin, wo die Wahrheit steckt: und du wirst unsre Art Menschen zu belehren um so klüger finden, je näher du der Entwicklung entgegen kommst.

Ritual zur weitern Aufnahme.

Nachdem dieser Unterricht hergelesen worden, geht eine Hinterthür auf, durch welche der Freund des Kandidaten in priesterlicher Kleidung hereintritt. Diese Kleidung ist folgendergestalt: Ein weißes, wollenes bis auf die

Priestergrab.

die Schuhe reichendes, wie ein Hemd geschnittenes Gewand; der Schliz ist vorn auf der Brust: am Halse und unten an den weiten Ermeln wirds mit feuerrothen seidenen Bändern zugebunden; um den Leib geht ein seidener Gürtel von derselben rothen Farbe. Der Decanus allein hat noch über dieses ein großes etwa einen Schuh langes rothes Kreuz von dieser Form † in sein Gewand auf der linken Brust genäht. Alle tragen Pantoffeln, fliegende Haare und kleine vierecfte rothe samtne Hüte.

So bald der Freund eintritt und der Ritter aufsteht, redet jener diesen folgendergestalt an: „Ich bin hierher geschickt worden, Sie zu fragen, ob Sie alles wohl verstanden haben, was man Ihnen so eben vorgelesen hat?" (Der Kandidat beantwortet dies) „Haben Sie Anstoß oder Zweifel bey irgend einem dieser Sätze gefunden?" (Er antwortet, und man hebt ihm die Zweifel) „Ist Ihr Herz von der Heiligkeit dieser Wahrheit durchdrungen? fühlen Sie Beruf, Stärke des Geistes, guten Willen, Uneigennützigkeit genug, dieß große Werk anzugreifen? Wollen Sie sich dabey ohne Willkühr der Führung unserer Erl. Obern überlassen? (Er beantwortet dies) „So folgen Sie mir denn! (Der Priester hebt mit Anstand das Kissen, worauf die priesterlichen Kleider liegen, auf, und trägt es feyerlich auf seinen Armen vor dem Ritter her, welcher mit gezogenem Degen und bedecktem Haupte folgt).

Wenn

Priestergrad.

Wenn sie vor die Thür des Versammlungs Zimmers kommen, bedeutet der Freund den Kandidaten, er solle seine Schuhe aus, und dagegen die Priesterschuhe, welche er ihm überreicht, anziehen. Wenn dies geschehen, giebt der Priester ein Zeichen, die beiden Flügel der Thüre öfnen sich, und man sieht den Decanus vor einem kleinen roth bedeckten Altare drey Stuffen hoch stehen. Das Zimmer ist roth tapeziert. Ueber dem Altare hängt oder steht ein gemahltes oder geschnitztes Crucifix. Auf dem Altar liegt auf einem Pulte das Ritualbuch, eine Bibel roth eingebunden; dabey steht ein kleiner gläserner Teller mit Honig, nebst einem gläsernen Löffelchen, ein gläsernes Gefäß voll Milch, nebst einem Trinkgläschen, und ein kleines Fläschgen voll wohlriechenden Oels. Eine brennende heilige Lampe hängt über dem Haupt des Decanus, der mit dem Gesicht nach dem Altar hin, also gegen Morgen gekehrt steht, die Presbyter sitzen zu beiden Seiten auf rothen gepolsterten Bänken; die Acolythi stehen; die höhern Obern aber sitzen zu beiden Seiten des Altars. Es können auch dienende Brüder (Layenbrüder) angenommen werden, welche nur auf die Verschwiegenheit beeidigt, und schwarze Kleider von demselben Schnitte, wie die Priester, tragen, mit entblößtem Haupte gehen, und bey der Thür ihren Platz haben.

Wenn die Thür wieder verschlossen ist, so geht die Feyerlichkeit an. Der Führer des Kandidaten legt ehr-

Priestergrad.

erbietig das Kissen mit den Kleidern auf die mittelste Stuffe zu beyden Seiten des Decanus. Der Führer aber geht zurück an die Thür und stellt sich neben dem Ritter zur linken Seite. Der Decanus wendet sich herum gegen den Kandidaten.

Decanus (hebt die Hände in die Höhe) Friede sey mit Euch!

Die Assistenten: Heil und Segen den Königen und Priestern des neuen Bundes!

Introductor: Herr höre meine Rede!

Decanus: Was verlangst du?

Introductor: Siehe auf mich herab, Hochwürdiger! Ich führe einen Schottischen Ritter, einen treuen, erleuchteten Bruder zu dir, der nach Freyheit und Licht seufzet. Laß ihn zum Altar treten, daß er zubereitet werde zu dienen, im Tempel des wahren Lichts.

Decanus: Ritter! der du das Zeichen der Auserwählten an deiner Stirne trägst! Wende zum letztenmal dein Gesicht gegen Abend, woher du gekommen, und antworte mir!

Unterdessen holt ein Acolyth, oder Layenbruder ein Rauchfaß und ein Gefäß voll Weihrauch, hält es dem Decanus vor, welcher das Rauchwerk auf die Kohlen wirft, in der Form eines Kreuzes dreymal Rauch verbreitet, es dann zurückgiebt, und indeß der Ritter umgewendet hat, während des Räucherns spricht:

Entsagst du den Feinden des Menschengeschlechts, dem Geiste der Verführung und böser Lüste, dem
Geiste

Geiste der Unterdrückung und Verblendung? (der Kandidat antwortet) — Soll dich Fluch und Schande treffen, wenn du je abtrünnig wirst, wenn du je dem Laster der Bosheit und Dummheit frohnest! (der Kandidat antwortet) So lege dann deine maurerische Hülle ab!

Er legt Hut, Degen, Schürze und Band ab.

Trete herzu, Erleuchteter! und kniee nieder in heiliger Ehrfurcht vor dem Allerhöchsten unbegreiflichen Wesen, das in uns lebt und durch seine treue Diener würkt.

Der Kandidat knieet auf die unterste Stufe des Altars, die beiden Aßistenten treten ihm zu beiden Seiten.

Sieh hier das Bild (er zeigt aufs Crucifix) unsers unvergeßlichen Meisters und Erlösers, sey seiner Lehre treu bis zu dem letzten Augenblick deines Lebens.

Die Aßistenten hängen ihm das Kleid an.

Ziehe an das Kleid der Unschuld, in welchem du einst stehen wirst in priesterlicher Würde am großen Tage des Gerichts über das Menschengeschlecht, zu verkündigen das Wunder der Erlösung unsers Herrn und Heilandes Jesu Christi.

Sie legen ihm den Gürtel an.

Ich umgürte dich mit dem heiligen Gürtel, daß du geweihet seyst und bewafnet gegen den Rath der Gottlosen.

Sie

Sie binden ihm die Haare los.

> Ich löse deine Haare, sey frey und wirf die Fesseln von dir.

Der Decan schneidet mit einer kleinen Scheere oben auf dem Wirbel des Hauptes ein wenig Haar ab.

> Das Licht der Weisheit umstrahle dich, daß du um dich her den Haufen der Bessern erleuchtest.

Er tröpfelt ein paar Tropfen wohlriechendes Oehl auf den Wirbel des Haupts und reibt dies in Form eines Kreutzes mit dem Finger ein.

> Ich salbe dich zu einem Priester des neuen Bundes. Der Geist des Erkenntnisses erleuchte dich und deine Brüder.

Er setzt ihm den Huth auf.

> Bedecke dein Haupt mit dem priesterlichen Hute, der mehr als eine Krone werth ist.

Er reicht ihm mit dem größern Löffelchen ein wenig Honig zu essen.

> Zum Zeugniß unsers Bundes genieße dieses Honigs ein wenig.

Er schenkt ein wenig Milch ins Gläschen und läßt den Kandidat trinken.

> Trinke etwas von dieser Milch! Diese einfache Nahrung schenkt uns die Natur. Denke wie glücklich die Menschen seyn würden, wenn sie ihre Bedürfnisse nicht so vervielfältigt, wenn sie bey einfacherer Kost, bey heiterm freyen Herzen den Balsam des Lebens nicht

nicht durch Unmäßigkeit vergiftet hätten. — Stehe auf und bleibe treu und fest am Glauben.

Er läßt ihn aufstehen und umarmt ihn.

Hier ist Ihre Instruction!

Er giebt ihm eine Abschrift der nachher vorkommenden Instruction.

welche Sie nachher werden verlesen hören.

Das Zeichen der Priester ist, daß man beyde Hände X weise flach auf den Kopf lege.

Der Grif, daß man die Faust verschlossen hinhalte, den Daumen aber in die Höhe strecke, da dann der Andere gleichfalls eine solche Faust macht, und dieselbe auf des Andern Faust lege, doch so, daß er jenes Daumen darin einschließe.

Das Wort: I. N. R. I. und bedeutet: Iesus Nazarenus Rex Iudaeorum. Es wird aber so buchstabirt, wie das I. A. K. I. N.

Nunmehr führt der Introductor den Neuaufgenommenen unten auf seinen Platz.

Der Decan und die Aßistenten treten auch ab, setzen sich neben den Altar auf ihre Sitze, und ein jüngerer Priester tritt zum Altar und lieset:

Sie wissen nun vollkommen, worauf es bey uns ankömmt. Sie überschauen das weitläufige Feld, welches wir zu bearbeiten haben. Sie sehen, daß der Operationsplan, nach welchem unsre höhere Grade handeln, kräftig

auf

Priestergrab. 77

auf die Welt wirken, und allen jetzigen Verfassungen eine andre Wendung geben muß.

Allein man kan das nicht übereilen. Wir brauchen in allen Fächern eine Menge Arbeiter, und der Mann, dem wir unsre geheimen Zwecke anvertrauen, muß aus Dankbarkeit auch grade da Hand anlegen, wo wir es nöthig finden, und wo die erlauchten Obern ihn brauchen zu können glauben.

Wenn nur Aufklärung die allgemeine Freyheit, Gleichheit, Ruhe und Glück befördern kan; wenn also unsere Anstalten vorzüglich dahin führen müssen, diese Aufklärung zu bewirken, so begreifen Sie leicht, daß es damit nur stuffenweise, nur langsam gehen kan, daß man mit kleinen Fortschritten anfangs zufrieden seye, daß man erst bey Festsetzung allgemeiner Grundbegriffe, bey Reinigung der gemeinen Wissenschaften den Anfang machen muß, ehe wir dahin gelangen können, der Welt höhere Kenntnisse, tiefere Einsichten in Wahrheiten von denen sie sich so weit entfernt hat, mittheilen zu können.

Sie werden nun auch leicht glauben, daß Gesellschaften, welche allerley Leute aufnehmen, und mit denselben sogleich mystische, speculativische Wissenschaften treiben, jedem Weisen verdächtig scheinen müssen, weil sie theils Menschen Lehrsätze aufdringen wollen, deren Wahrheit man nicht mit Zuversicht glauben kan, wenn uns die Mittelsätze fehlen, die auch oft nur auf willführlichen Voraussetzungen beruhen, und dann, weil überhaupt nicht alle Menschen gemacht sind, Philosophen zu werden, und sich den Arbeiten, welche das gemeine Beste mit Recht von ihnen fordern kan, zu entziehen.

Deswegen nun müssen sich unsre Mitglieder, wenns ihnen wahrhaftig ein Ernst ist, etwas für die Welt zu thun, wären sie auch noch so aufgeklärt, nicht verdriessen lassen, zu den kleinern Anstalten der untersten Klassen die Hände zu bieten. Entsagen Sie daher vorerst (diese Probe müssen wir von Ihnen verlangen) allen Ansprüchen auf Regierung, und widmen sich eine Zeit lang der Direction ihres wissenschaftlichen Faches. Hier empfangen Sie die Anweisung dazu.

Instruction
für den ersten Grad der Priesterklasse.

I. Die Priester dieser Klasse sind die Vorsteher der kleinen oder evaterischen Mysterien. Sie heissen *Presbyteri*, und ihr Oberer *Decanus*. Den Schottischen Rittern aber dürfen sie unter diesem Nahmen nicht bekannt seyn. Wenn's daher hie und da nöthig ist, von den Mysterien-Klassen zu reden, so nennt man die Eingeweihten mit dem in heydnischen Zeiten üblich gewesenen Titel: Epopten, und einen Obern der Mysterien: Hierophant.

II. Die Versammlungen dieses Grades heißen Synoden.

III. Alle zerstreuten Presbyter einer Provinz machen zusammen nur eine Synode aus. Es dürfen aber in jeder Provinz ausser dem Decanus, den Präfecten der Kapitel und den höhern Obern, welche den Versammlungen beyzuwohnen das Recht haben nur 9 Presbyter sich befinden. Davon sind 7 die Vorsteher der 7 wissenschaftlichen Hauptfächer, und die andern beyden die Secretarien und Gehülfen des Decani und der Synoden, übernehmen auch die ausserordentlichen Arbeiten u. s. f. —

IV. Da die Presbyter durchaus mit den weltlichen Geschäften nichts mehr zu thun haben, so müssen sie ihre ganze Aufmerksamkeit auf Vervollkomnung ihres Faches wenden. Indem ihnen nun die besten Ausarbeitungen der Minervalen zugeschickt werden, so giebt dies ihnen Gelegenheit die fähigsten Köpfe im O. kennen zu lernen. So wie also jemand in die untern Grade aufgenommen wird, und sich zu einer Wissenschaft oder Kunst bekennet, so läßt der Provinzial davon dem Decano Anzeige thun. Dieser giebt dem Priester, welcher diesem Fache vorsteht, Nachricht davon, und derselbe notirt sich den neuen Arbeiter, der alsdenn ohne es zu wissen, unter ihm mit den übrigen Arbeitern derselben Wissenschaft in der Provinz ein Ganzes, eine gelehrte Facultät ausmacht.

V. Jeder Priester sorgt also für eine hinlängliche Anzahl Unterarbeiter in seinem Fache und stellt eine Art von Facultät her. Die Leute müssen unter ihm arbeiten und forschen. Da nun alle scientifische Anfragen in eben dem Fach an ihn kommen, und er die Leute befriedigen muß; so liegt ihm ob, sich zu bemühen, feste Systeme herzustellen, und durch die Untergebenen das noch Dunkle und Ungewisse erläutern, erforschen und berichtigen zu lassen.

VI. Wo seine und seiner Schüler Kenntnisse nicht hinreichen, da soll er auch die Meynung fremder Gelehrten außer dem O. zu Rathe ziehen, und dieselben also, ohne daß sie es bemerken, zum Nutzen des Ordens in Bewegung setzen. Nicht so leicht soll er sich an die höhern Obern wenden, sondern so viel möglich die Fragenden aus eigenem Schatze befriedigen, um denen mit ungeheurer Arbeit ohnehin schon beladenen Obern die Last nicht zu erschweren. Will dies alles aber nicht genug thun, so bittet er den Decan der Provinzial-Obern, der alsdann in andern Provinzen Nachfrage veranlaßt. Nur in wichtigen Fällen, und wenn dies alles nicht hinreicht, nimmt man seine Zuflucht zu den höhern Obern. Ueberhaupt geht aber alles, auch das geringste, durch die Hände des Decani und steht ein einzelner Priester mit den Versammlungen in keinem Briefwechsel.

VII. Man soll sich sehr viel Fragen notiren, deren Erläuterung wichtig ist, und welche einst könnten aufgeworfen werden, z. E. im Fache der practischen Philosophie die Fragen: „In wie fern ist der Satz wahr, daß alles,
was

was zu einem guten Zwecke führt, auch ein erlaubtes Mittel sey? Wie muß der Satz beschränkt werden, um zwischen jesuitischen Misbrauch, und ängstlicher Vorurtheils-Sclaverey hindurchzugehen u. s. f. Solche und ähnliche Fragen schickt man denn an den Decan, der sie unter die verschiednen Minervalkirchen austheilt, wodurch die Zöglinge beschäftigt werden, und manche neue, kühne, brauchbare Idee in unser Magazin kommt.

VIII. Soll nun also in einer Provinz diese Priesterklasse neu errichtet werden, so muß man kein Mittel unversucht lassen, um darinn so für die Wissenschaften zu sorgen, als wenn der Orden in scientificis noch nichts geleistet hätte. Zu Vermehrung und Reinigung der menschlichen Kenntnisse kan nicht genug geschehen; man wird damit nie fertig. Also muß hier jeder sein Scherflein beytragen. Fehlt es an Haupterläuterungen, so werden solche von den Hochw. E. Obern nicht versagt werden. Aber man muß nicht blos anderer Menschen Weisheit verzehren wollen, sondern auch selbst den gehäuften Schatz zu vermehren trachten.

IX. Daher soll der Priesterstand unter Anführung des Decani und dem Schutze des Provinzials den Orden in der Provinz auf einen solchen Fuß setzen, daß es ihm nicht nur in keinem Fache an geschickten und erfahrnen Männern mangle, sondern daß auch

1. junge

1) junge Leute zum Beobachtungsgeiste gewöhnt;

2) Facta und ungezweifelte Beobachtungen in Menge gesammelt;

3) diese gehörig untersucht, verglichen, benutzt werden, und zwar auf solche Art daß

4) der Orden die bisherigen Systeme entbehren, und eigene — auf die Natur allein gegründete Systeme seinen Anhängern vorlegen könne.

5) Daß er in allen Fächern Erfinder habe.

6) Daß in seinem Schoose ein Vorrath der tiefsten und verborgensten Weisheit ruhe,

7) der Orden der übrigen profanen Welt nothwendig, sich aber dieselbe im Gegentheil entbehrlich mache,

8) damit er dann das durch die Arbeit und Weisheit seiner Mitglieder erworbene Licht austheilen könne, an wen er will.

X. Den Beobachtungsgeist zu verbreiten muß man schon in der Minervalklasse anfangen.

1) Die Leute müssen unterrichtet werden, daß in der Natur nichts klein, nichts unbedeutend ist.

2) Es müssen alle Mitglieder zu den verschiednen Wissenschaften, zu welchen sie Lust und Anlage haben, und in welchen sie beobachten sollen und wollen, abgetheilt werden.

3) Man

Priestergrad.

3) Man muß daher in seiner Provinz folgende Fragen zur Beantwortung aufwerfen, und die besten Arbeiten mit Beförderung, Geld und auf andere Art belohnen. Dabey merke man wohl, daß niemand zu einer höhern Klasse soll befördert werden, er habe denn dem Orden in diesem oder einem andern Fache einen würdigen Dienst geleistet. Die Fragen sind folgende:

 A) Was ist der Beobachtungsgeist?

 B) Wie wird er erworben, und wie werden gute Beobachter gebildet?

 C) Wie muß man genau und richtig beobachten?

4) Ist das System vom Beobachtungsgeiste im allgemeinen hergestellt, dann wirft der Decanus unter Anweisung des Provinzials dieselben Fragen für jede der abgetheilten Klassen der kleinen Mysterien auf.

XI. Diese Klassen nun sind

1) die physicalische und zwar

 A) Optik, Dioptrik, Katoptrik.

 B) Hydraulik, Hydrostatik.

 C) Electricität, Centralkräfte, Magnetismus, Attraction.

 D) Experimental = Physik auf Luft und andere Objecte.

2) Die medicinische Klasse, wohin gehört
   A) Anatomie,
   B) Bemerkungen über Krankheiten, über Arzneymittel, Semiotik.
   C) Wundarzney, Hebammenkunst, chirurgische Operationen.
   D) Chymie.
3) Mathematische Klasse, dahin nemlich
   A) gemeine und höhere Rechenkunst, Algebra.
   B) Reine Mathematik, Civil-Militair- und Schiffsbaukunst.
   C) Mechanik.
   D) Sphären-Lehre, Astronomie ꝛc.
4) Für die Naturhistorie, als
   A) Ackerbau, Gärtnerey, Haushaltungskunst.
   B) Thierreich, vom kleinsten Insecte an bis zum Menschen.
   C) Erdarten, Steine, Metalle.
   D) Kenntniß der Wirkungen, und unbekannte Phänomene, die der Erdkörper zeigt.
5) Politische Klasse, dahin gehört
   A) Menschenkenntniß, wozu die großen Illuminaten Materialien liefern.
   B) Geschichte, Erdbeschreibung, gelehrte Geschichte, dahin auch die Lebensläufe der Männer, deren Nahmen man trägt, abgeliefert werden.
   C) Alterthümer, Diplomatik.
   D) Po-

D) Politische Geschichte des Ordens, seine Schicksale, Fortschritte, Wirkungen, Unfälle in jeder Provinz, Kampf mit andern ihm entgegen arbeitenden Gesellschaften. NB, hievon soll vorzüglich geredet werden.

6) Künste und Handwerker, nemlich

A) Mahler- Bildhauer- Ton- Tanz-Kunst.

B) Redner- und Dichtkunst, lebende Sprachen, lateinisch und griechisch.

C) Uebrige schöne Wissenschaften, Litteratur.

D) Handwerker.

7) Geheime Wissenschaften und besondre Kenntnisse.

A) Seltne Sprachen, orientalische Sprachen.

B) Kenntnisse geheimer Schreibarten, solche zu entziefern, Pettschaften zu erbrechen, und für das Erbrechen zu bewahren.

C) Hieroglyphen, alte und neue.

D) Kenntniß geheimer Verbindungen, Freymaurer-Systeme ꝛc. wohin auch die Bemerkungen und Sammlungen der Schottischen Ritter übergeben werden.

XII. Die eingelaufnen Abhandlungen werden sämmtlich von dem Decan den fähigsten aus der Klasse gegeben, die den schärfsten philosophischen Geist, die feinste Unterterscheidungskraft und den Esprit de detail haben, um aus allem das Beste zu ziehen und ein ordentliches weitläufiges System über den Beobachtungsgeist zu entwerfen. Der Decan schickt dem Provinzial diesen Entwurf seiner Provinz, und von da geht er an den National. — Der National ist dann angewiesen, das weitere zu besorgen, und demnächst bekommt der Provinzial das vollständige System über den Beobachtungsgeist zugeschickt. Dies theilt er unter seine Versammlung aus, läßt in der Minervalklasse darüber den fähigsten Männern Unterricht ertheilen, die Leute zum Beobachten anführen und darinn üben. — Ueberhaupt soll man sich diesen Kunstgrif merken, von den Untergebenen und Unerfahrnen denen Höhern und Denkern gute Materialien zum Bearbeiten in die Hände liefern zu lassen.

XIII. Haben die Mitglieder zum Beobachten die gehörige Anleitung erhalten, so werden von den Directoren der verschiedenen Fächer die Materien und Aufgaben zum Beobachten ausgeschickt. Hier kan man der Direction nicht genug anmerken:

1. daß von der Feinheit und Nutzbarkeit der Aufgabe alles abhängt.

2. Daß also lauter practische Materien zur Beobachtung ausgesetzt werden müssen.

3. Daß eine bestimmte Materie nicht im Allgemeinen, sondern sehr individuell aufgeworfen werde.

4. Daß,

4. Daß, wenn ja noch in der Auflösung etwas dunkel, oder einer weitern Auflösung und Beobachtung nöthig haben möchte, eine neue Aufgabe so viel und so lange daraus gemacht werde, bis die Materie in ihren kleinsten Theilen erschöpft ist.

XIV. Da dem menschlichen Geschlechte am Leben und der Gesundheit, dem Orden aber an Erhaltung seiner theuersten Mitbrüder so unendlich viel gelegen ist, so kan der Orden seine Sorgfalt nicht genug ausdrücken, und muß alle Aerzte zu Erfüllung dieser heiligen Pflicht aufs nachdrücklichste auffordern. Denket, daß es in euern Händen steht, ein einziges hofnungsvolles Kind, einem Sohn seine Eltern, dem Vaterlande einen guten Bürger, und der Welt einen edeln Menschen zu geben oder zu nehmen; denkt, daß alles Gute, aller Schade, der daraus entsteht, euer Werk ist. (Zu diesem Endzweck soll der Decan jeden unser Aerzte auffordern

1. über die Semiotik zu beobachten,

2. über die Krankheiten insbesondre, denen der größte Theil des Menschengeschlechts unterworfen ist, und welche noch bisher keiner gewissen unfehlbaren Kurart unterworfen sind;

3. vor allen aber über die so sehr unverantwortlich vernachläßigten Kinderkrankheiten;

4. über die Kräfte und Würkungen gewisser nutzbarer Medicamente.

5. Es

5. Es soll jedem Arzte aufgetragen werden, seine ganze Lebenszeit hindurch, neben seiner gewöhnlichen Praxis, seinen ganzen Beobachtungsgeist auf eine gewisse Krankheit, ein gewisses Zeichen, ein gewisses Arzneymittel zu verwenden, und alle Beobachtungen zu Papier zu bringen. Je individueller die Krankheit, das System, das Medicament ist, um desto verdienstvoller ist die Arbeit.

6. Alle medicinische Beobachter werden daher ersucht

A. ihre Beobachtungen auch an Gesunden schon anzufangen, und sich einen individuellen Menschen ganz durchzudenken, auch die Anlagen zu bemerken, im gesunden Zustande Krankheiten vorherzusehen; denn diese Dispositionen haben schon ihre mehr oder weniger zu bemerkenden Symptome.

B. Die Geschichte, die Philosophie eines bestimmten Symptoms zu liefern.

C. Bey Krankheiten auf das genaueste das gemeinschaftliche, und wieder das entscheidend speculativische der Zeichen zu studiren.

D. Den Sitz der Krankheiten nicht allezeit blos im Körper, sondern auch in der Seele, in den Leidenschaften, im Alter, im Geschlechte, in der Lebensart, im Temperamente, in der Leibesgestalt, Nahrung, Jahreszeit, in den Ausschweifungen der Jugend zu suchen.

E. Zu

E. Zu erforschen, aus wie viel Ursachen dieselbe Krankheit entstanden, und bey Menschen überhaupt entstehen kan. Da nun die nemliche Krankheit, die aus verschiedenen Ursachen entstehen kan, auch verschiedene mit der Ursache korrespondirende äusserliche sichtbare Wirkungen hervorbringen kan; so muß er hier vorzüglich diejenigen Zeichen zu entdecken suchen, welche nur diese und keine andre Ursache anzeigen.

F. Auf den Sitz der Krankheit, auf den locus affectus.

    a. in der Seele oder im Körper,

    b. in den vesten oder flüßigen Theilen u. s. f.

G. Nicht nur auf die Qualität der Arzney allein, sondern auch auf deren Quantität.

H. Ob er sich sicher auf das Medicament verlassen kan, ob hier nicht der Geitz, Wucher oder Nachläßigkeit der Apotheker etwas versehen, oder gar fremde Dinge darunter gemischt habe. Er muß von der Reinigkeit, von der gehörigen Zubereitung des Medicaments Augenzeuge seyn, wenn er diese als Beobachtung geben will. Er muß das Medicament nicht aus Büchern, sondern immer auch dabey aus eigner Erfahrung kennen.

I. Er muß gewiß wissen, daß der Tod oder die Gesundheit eine unfehlbare Wirkung seiner Arzney sey. Mithin muß er gewiß seyn

a. daß ihn der Kranke nicht hintergehe

b. nichts nebenher brauche

c. dies und nichts anders bekommen habe, als was er ihm verordnet hatte.

K. Hat er eine Erfahrung gemacht, so muß er solche wiederholen, unter allen möglichen Umständen wiederholen, damit er wisse, daß die Wirkung unausbleiblich sicher sey, inwiefern die Wirkung unter diesen Umständen und Zusätzen geändert worden. Hier liegt der wichtigste Gegenstand der Beobachtung.

L. Müssen seine Systeme nicht auf die Natur gepropft werden. Er muß die Natur selbst suchen.

Der medicinische Director setzt also mit jedem Jahre ein Zeichen, eine Krankheit, eine Arzney zur Beobachtung aus. Mit Ende des Jahrs werden alle eingesendeten Beobachtungen an den Decan übergeben, in ein Ganzes gesetzt, und darauf entweder zu einer noch nähern Prüfung ausgeschickt, um es noch näher zu bestimmen, oder das Resultat in den Real-Katalogus einzutragen.

XV. Mit diesem Real-Katalogus hat es folgende Bewandniß: Jeder Presbyter hält nach seinem Fach ein Buch, darinn nach alphabetischer Ordnung die Dinge eingetragen sind, über welche man wichtige Kenntnisse gesammelt hat z. B. in dem Fache von geheimen Wissenschaften

ten und Hieroglyphen steht unter dem Buchstaben C. das Wort: Creutz, und etwa darunter: „Wie alt diese Hieroglyphe ist das findet man im Jahr — — — im — — — gedruckten Werke, Seite — — — oder einem Manuscripte Beylage M. — — — Diese Beylagen, oder vielmehr die wichtigsten darunter, die vorzüglichsten Ausarbeitungen werden am Ende des Jahrs an das National=Archiv in scientificis abgeliefert. Deswegen kommen jährlich einmal alle Presbyter einer Provinz auf der großen Synode zusammen, machen ein großes Verzeichniß der in diesem Jahr gesammelten Beylagen an die National=Direction, woselbst es in den Hauptkatalog eingetragen, und damit ein Schatz von Kenntnissen formirt wird, woraus jeder befriedigt werden kann: denn daraus werden die Regeln abstrahirt, und was noch fehlt, weitere Beobachtungs-Aufgaben, wie schon erwähnt worden, ausgeschrieben, um veste Sätze zu bekommen. Diese Regeln werden gefunden durch geschickte Hinwegwerfung alles besondern Individuellen und Beybehaltung des unter allen Fällen Uebereinstimmenden. Nach dieser gefundnen Regel werden die schon vorhandenen Systeme untersucht, geprüft. Werden mehr solche Regeln gefunden, so müssen sie geordnet, mit einander verglichen werden, und aus ihrer Vergleichung findet man neue allgemeine Sätze, bis endlich nach und nach ein unbetrügliches System sich bildet und entstanden ist.

XVI.

XVI. Auf ähnliche Art wird in der Chymie, Physik, Oeconomie, Menschenkenntniß ꝛc. verfahren. So bestellt die Priesterklasse z. B. in ihrer Provinz Leute, welche

1. Provinzial-Wörter sammeln,

2. Kunstwörter aufschreiben,

3. jeden Tag die Witterung genau beobachten und aufzeichnen, z. B. den Grad der Hitze, Kälte, Regen, Sonnenschein, Schnee, Nebel, Morgenröthe, Nordlichter, Gewitter. Diese Wetter-Tabellen werden verglichen, daraus für die Physik und Oeconomie Schlüsse gezogen.

4. Sterb-Geburts-Tabellen mit Anmerkungen des Alters, Geschlechts, der Krankheit, der Jahrszeit.

5. Die verschiednen Erdarten, Gewächse jedes Landes, Bodens darinn sie wachsen, Versteinerungen.

6. Entdeckungen, welche die Schottischen Ritter in Ansehung der Freymaurerey glauben gemacht zu haben, damit man wisse, welche O. auf dem rechten Wege sind (oder nicht?) und also besser unterrichtet werden müssen.

7. alle Arten von natürlichen Zaubermitteln, chymischen Tinten, Chiffres ꝛc.

XVII. So viel aber die Geschichte betrifft, so wird in jedem Lande, vorzüglich von denen, die dazu Lust haben,

ben, die Geschichte des Landes besorgt; damit es aber nicht an guten ächten und unpartheyischen Geschichtschreibern fehle, so stellt der Decanus

1. in jeder Provinz einen oder mehrere Geschichtschreiber an.

2. Diese halten sich wie die alten Annalisten und Kronikschreiber über die laufenden Zeiten ein eigen Tagbuch.

3. Das Gewisse und Ausgemachte wird ohne Schmuck eingetragen; die geheimen gewissen oder vermuthlichen Triebfedern der Handlungen werden in den Anmerkungen nicht übergangen.

4. Man merkt sich auch dabey an, in wie fern man solches aus eigener oder fremder Wissenschaft hat.

5. In diesen Anmerkungen sammelt er vorzüglich Anecdoten auf historia arcana.

6. Der Annalist muß daher ein in den Weltbegebenheiten erfahrner, scharfsehender, genau correspondirender Mann seyn, der bey Höfen und Großen Zutritt hat, und geschickt zu forschen weiß.

7. Auch Anecdoten von ältern Begebenheiten verdienen angemerkt zu werden.

8. Eine besondre Arbeit des Annalisten ist die genaue Karacterisirung der bey seiner Geschichte auftrettenden

den Personen. Dies geschieht am besten durch Anführung solcher Handlungen auch aus dem Privatleben seines Helden, woraus jeder Vernünftige auf den Karacter schließen kann. Der Annalist erzählt also blos zwar im detail, raisonnirt aber sehr wenig; denn jedes Urtheil verräth seine Leidenschaften.

9. Der Annalist sucht weiter in der Geschichte des Landes jeden würdigen auch noch so vergessenen Mann aus dem Staube hervor.

10. Diese Nahmen werden dem Provinzial einberichtet, welcher die Mitglieder seiner Provinz damit benennt.

11. Zur Erbauung, Nachahmung und besonders zur Unsterblichkeit jedes guten Mannes, welche er auch nur durch Privattugend verdient, veranstaltet der Decan für die Provinz durch Hülfe seiner Secretarien einen eignen Kalender, in welchem bey jedem Tage des Jahrs der Nahme eines berühmten Mannes aus diesem Lande angemerkt ist, und solcher nach Verschiedenheit seiner Handlungen zur Nachahmung oder zum Abscheu vorgestellt wird. Diese Art von Apotheose ist der O. jedem auch noch Uebersehenen, Verkannten schuldig, und jedes Mitglied des O's hat darauf Anspruch zu machen.

12. Von Zeit zu Zeit wird den Minervalkirchen Nachricht von edeln, öffentlich in der Versammlung bekannt

Priestergrad.

kannt zu machenden Handlungen gegeben. So wie im Gegentheil schlechte, selbst von den Vornehmsten des Reichs begangne niederträchtige Handlungen laut ausgeschrieen werden.

XVIII. In dem Fache der Menschenkenntniß soll, wenn die Akten über eine Person, der Lebenslauf, entworfene Karacter ꝛc. an die Priesterklasse abgeliefert wird, von dem Decan dem Director dieser Facultät aufgetragen werden, hieraus Folgerungen zu ziehen. Wenn dieser darüber Anfragen bey den Untergebenen austheilt, so soll er den Nahmen des Mannes, von dem die Rede ist, verschweigen. Es soll aber untersucht werden

1. die herrschenden Leidenschaften und Ideen eines Menschen.

2. Das Entstehen und Wachsen dieser Leidenschaften.

3. Die Ideen, so er kraft seines Karacters am ersten annehmen und verwerfen werde.

4. Wie eine gewisse Neigung bey diesem Menschen nach diesen datis könne erweckt oder geschwächt werden?

5. Welche Personen im O. man dazu am fähigsten nützen könne?

6. Wie er über Religion und Staatsverfassung denke?

7. Ob er so weit gekommen sey, alle Vorurtheile abzulegen, nur die Wahrheit, selbst gegen sein Interesse aufzusuchen?

8. Ob

8. Ob er ohne Eigennuz aller Art Standhaftigkeit und Anhänglichkeit genug besitze?

9. Wenn eins von diesen Stücken fehlen sollte, wie ihm solches, und durch wen beyzubringen sey?

10. Zu welchen Aemtern im Staat und im O. er tauglich, wozu er nützlich seyn könne?

Wenn alle Bemerkungen gesammelt, durch die data aus dem Karacter und Lebenslauf erläutert, und so berichtigt worden, so wird denn im allgemeinen ein Gutachten aufgesetzt, und durch den Decan an den Provinzial eingeschickt, woraus man sehe, ob dieser Mann ein moralischer, uneigennütziger, von Vorurtheilen freyer, wohlthätiger, dem O. zu irgend einem, und zu welchem Zweck, nützlicher Mann seye. — Aus diesen vielfältigen Bemerkungen aber werden allgemeine Regeln und Maximen zur Menschenkenntniß abgezogen, gesammelt, in den Realkatalog eingetragen und eingeschickt.

XIX. Da nun dem Beobachter nichts klein seyn soll, ja vielmehr die Natur im kleinsten sich am mehrsten offenbart; da ferner der Beobachter seinen Gegenstand auf allen Seiten beobachtet, gegen viel andre Erfahrungen halten, vergleichen kan, um das Uebereinstimmende und das Abweichende zu finden, auch dabey nicht zufrieden seyn soll, wenn er die Uebereinstimmung nur unter zwey oder drey Begebenheiten gefunden; so muß

1. jeder Beobachter vom Einfachsten ausgehen, und dann erst zusammensetzen.

2. Seine Entdeckungen durch so viel Fälle rechtfertigen lassen, als nur möglich ist.

3. Er muß wissen, daß jedes Uebereinstimmende auch seine Verschiedenheiten hat, und also auch eine neue Beobachtung erfordert.

4. Daß er nicht auf die Qualität allein sehen muß, sondern auch auf die Quantität, den Grad mit allen Verhältnissen zu versuchen.

5. Er muß nicht dem Einfachen etwas als eine Wirkung zuschreiben, was die Wirkung des Zusammengesetzten ist. Er soll die Bestandtheile seines Gegenstandes genau kennen, und wissen, was jeder allein, was alle zusammen wirken.

6. Dann suche er alles Aehnliche wieder zu vergleichen, zu unterscheiden, Schlüsse, Regeln davon abzuziehen.

7. Er wendet die gefundnen Regeln wieder weiter an auf alle Fälle:

   A. um seine Regeln zu bestärken,

   B. Ausnahmen und Abweichungen zu finden,

   C. Die Ursachen und Wirkungen der Ausnahme zu finden.

   D. in dem Dinge das Wesentliche von dem Zufälligen zu unterscheiden.

8. Diese

8. Diese Regeln müssen mit andern gefundnen verglichen,

9. das Uebereinstimmende dieser verglichnen Regeln zu einer höhern gemacht werden,

10. diese hohe neue Regel wieder auf einzelne Fälle angewendet, und daraus Schlüsse und Folgerungen gemacht,

11. Und wenn es noch weiter möglich, wieder mit andern schon gefundnen so lange verglichen (werden), bis er endlich von einem einzelnen Factum bis zur höchsten metaphysischen Wahrheit hinaufkomme. Denn: Unser ganzes Wissen beruht auf richtige Facta, auf richtige Schlüsse, und richtige Anwendung auf andre Fälle. Ist daher unser Wissen irrig, so muß der Fehler im Factum, im Schließen oder im Anwenden liegen. Der Beobachter kan mithin sich nie genug von der Richtigkeit des Factums versichern.

XX. Da auf solche Art viel, und immer allgemeine Regeln nach und nach in jeder Wissenschaft, und am Ende selbst die in mehreren Wissenschaften gemeinschaftliche Hauptregeln gefunden werden; so ist auf diese Art der O. in jeder Provinz und im Ganzen mit der Zeit in den Stand gesetzt, in jeder Sache Erfindungen zu machen, neue Systeme aufzustellen, in jedem Fache ausnehmende Proben seiner Erfahrungen an den Tag zu legen, und sich bey der Welt auch in den untern Wissenschaften und Künsten

sten in der Achtung eines wahren Behältnisses aller menschlichen Erkenntnisse zu erhalten.

XXI. Durch den Fleiß der erfahrnen Mitglieder werden also die Bruchstücke gereinigt, zusammengesetzt, und so entsteht nach und nach selbst durch Mitwürkung der Unerfahrensten in jeder Provinz das herrlichste wissenschaftliche Gebäude, nicht bloß im Gehirn eines Menschen ausgebrütet, sondern auf die Natur selbst gebaut, und durch die geheimen Kenntnisse der höhern Obern berichtigt, sofern es sich thun läßt.

XXII. Diese gesammelten Kenntnisse können zum Theil mit Erlaubniß der höhern Obern gedruckt werden; aber dann werden sie nicht nur nicht an Profane ausgetheilt, sondern da sie nur in den Ordensbuchdruckereyen herausgegeben werden; so werden sie nur nach Verhältniß der Grade den Mitgliedern bekannt gemacht, und solche darinn von den Mittel-Obern unterrichtet.

XXIII. Dieß ist also diejenige Gesellschaft, in welcher die Erkenntnisse großer Männer und ihre Erfahrungen nicht mit ihnen zu Grabe gehen, wo sie noch in aller Stärke können auf andre gebracht werden, wo man anfangen muß dort wo der große Geist aufhörte. Aber damit diese würdigen Arbeiter nicht um die Ehre ihrer Entdeckung gebracht werden, so soll jeder von ihnen gefundene Satz, jede Maschine oder andre Entdeckung zu ewigen Zeiten den Nahmen des Erfinders führen, und sein Andenken den Nachkommen heilig werden.

XXIV. Aber aus dieser Ursache ists auch keinem erlaubt, diese seine Entdeckung außer dem Orden bekannt zu machen, damit er den Orden nicht aus dem Besitze des Geheimnisses setze, welches er durch Anleitung desselben gefunden. Es ist billig, daß er demselben dasjenige allein überlasse, was er ohne denselben nie so vollkommen würde gefunden haben, und kan also ein über diesen Gegenstand geschriebenes Buch ohne Erlaubniß der Obern nie gedruckt werden; daher alle zu druckende Werke die Bewilligung des Provinzials haben sollen, und muß von demselben nach geschehener höhern Anfrage bestimmt werden:

1. Ob das Buch von der Art ist, daß es in den geheimen Druckereyen und sonst nirgends darf gedruckt werden?

2. Welche Brüder es lesen dürfen, indem er alsdenn für die Austheilung sorgen, und ohne einen Schein von ihm kein Exemplar ausgetheilt wird.

3. Wie man es anzufangen habe, denjenigen Mitgliedern, welche man etwa auf irgend eine Art vom O. ausschließen wollte, neben den Abschriften auch gedruckte Werke wieder aus den Händen zu spielen, als worüber die Local-Obern instruirt sind.

XXV.

XXV. Der Orden kan nicht den Vorwurf des Neides verdienen, wenn er seine Einsichten nicht gemein macht, denn

1. steht jedem guten Mann der Eintritt in den Orden, und der Genuß gleicher Einsichten offen,

2. er weiß am besten, wem sie nützen,

3. läßt allen Menschen des Erdbodens den Nutzen seiner verborgnen Weisheit willig empfinden,

4. und leidet nicht, daß irgend eine Kenntniß verlohren gehe.

XXVI. Wie groß übrigens der Nutzen davon ist, wenn gewisse Kenntnisse (wir reden hier selbst von denen, welche dem grösten Theil der Menschen nützlich und begreiflich sind) mit Auswahl, Vorsichtigkeit, Vorbereitung und Klugheit ausgetheilt, und nicht eher ausgetheilt werden, bis man sie ganz bestimmt entwickelt, und auf veste Grundsätze gebracht hat, daran wird kein Vernünftiger zweifeln, und wie sehr viel mehr Kraft hat man nicht über den gemeinern Theil der Menschen, wenn man sie durch den Reiz der Neugier fesseln und ihre Begierde zum Wunderbaren zu edeln Zwecken lenken kan! Was würde nicht eine Gesellschaft ausrichten können, die z. E. in dem einzigen Besitze der Kenntniß von der Electricität wäre?

XXVII. Und so werden denn alle Erfindungen, die sonst ein Werk des Zufalls waren, aus der Natur selbst auf sichern Wegen entlehnt, durch die Weisheit erfahrner Männer berichtiget, und zum Nutzen des Menschengeschlechts in jedem Zeitalter so allgemein gemacht, als nach der Lage der Sache und dem Grade der Kultur möglich ist.

XXVIII. Die Arbeit unsers Priesterstandes aber ist, diesen Grad der Kultur und Aufklärung nach unserm Plan zu lenken. Ueber das Bedürfniß des Zeitalters und der Gegend muß daher reiflich nachgedacht, auf den Synoden gerathschlagt, bey den Obern um Berichtigung nachgefragt werden, und müssen stets neue Plane entworfen und eingeführt werden:

1. Wie man die Hände in Erziehungswesen, geistliche Regierung, Lehr- und Predigt-Stühle in der Provinz bekomme.

2. Ein Presbyter soll sich bey jedermann den Ruf der höchsten Aufklärung zu verdienen wissen. Wo er geht, steht, sitzt, lebt und webt, da strahle ein Nimbus wahren hellen Lichtes um sein Haupt, und erleuchte den Haufen um ihn her. Man halte es für ein Glück, aus seinem Munde reine Weisheit zu lernen. Er greife aller Orten, aber genau nach der erhaltnen Vorschrift und mit Feinheit und Betracht auf die Personen, mit denen er redet, das Vorurtheil an; doch hüte er sich, sein Wissen ungebeten auszukramen, und für einen Marktschreyer oder Schwätzer zu gelten.

3. Da

3. Da in der Litteratur mehrentheils zu einer Zeit gewisse Grundsätze allgemein Mode und von den schwächern Köpfen nachgelallt werden, so daß zuweilen religiöse Schwärmereyen, dann Empfindsamkeit, dann Freygeisterey, dann unschuldiger Schäferton, dann Ritterwerk, dann Heldenlied, dann Geniewesen u. s. f. das ganze Publicum überschwemmen; so soll man besorgt seyn, unsere auf allgemeines Wohl der Menschheit gehenden Grundsätze auch zur Mode zu machen, damit junge Schriftsteller dergleichen unter das Volk ausbreiten und uns, ohne daß sie es wissen, dienen. Man soll also großes warmes Interesse für das ganze Menschengeschlecht predigen, und die Leute gleichgültiger gegen die engern Verhältnisse machen, insofern sie mit der grösten Wohlfahrt der Welt streiten. So zeigte Jesus bey jeder Gelegenheit, wie wenig ihn seine Familie in Vergleichung mit der grossen Weltfamilie interessirte. Darüber lese man Matth. 10, v. 37. So auch auf der Hochzeit zu Cana und vielen andern Stellen.

4. Es muß auch dafür gesorgt werden, daß die Schriften unserer Leute ausposaunt und von feinen Rezensenten nicht verdächtig gemacht werden.

5. Gelehrte und Schriftsteller, welche den unsrigen ähnliche Grundsätze lehren, soll man zu gewinnen suchen,

wenn

wenn sie sonst gute Menschen sind, auf die Liste der Anzuwerbenden zu setzen suchen, deswegen ein Verzeichniß solcher Leute von dem Decanus zu halten und von Zeit zu Zeit einzuschicken ist.

XXIX. Man soll den Orden den untersten Klassen so heilig zu machen wissen, daß z. B. eine Versicherung bey der Ehre des Ordens ihr höchster Schwur sey.

XXX. Die Synoden, wovon vorher Erwähnung geschehen, werden wenigstens jährlich einmal an dem bequemsten Orte der Provinz gehalten, auf denselben alles Wichtige einige Tage hindurch verhandelt, die Aufnahmen vorgenommen, und da außerdem die Presbyter der Provinz nicht immer zusammenkommen können, so wird auf diese Zeit alles erspart und vorher aufnotirt. Die Tage, da keine Aufnahmen sind, erscheint man, um alles Aufsehen zu vermeiden, ohne priesterliche Kleidung. Die Zeit der Synode wird nach vorhergegangner Verabredung vom Decan ausgeschrieben. Kan man öfter zusammenkommen, desto besser. Uebrigens soll jeder Presbyter einen ordentlichen Briefwechsel mit dem Decan unterhalten; dieser nimmt auch ihre Q. L. ein und schickt sie unerbrochen an die höhere Klasse.

XXXI Die Presbyter brauchen keinen Versammlungen der untern Klassen beyzuwohnen, außer daß in jedem geheimen Kapitel einer ist. Sie können aber auch nach Gefallen alle Versammlungen und ⌼ frequentiren, selbst bey

bey den Liebesmalen gegenwärtig seyn; nur nicht als Priester gekannt oder gekleidet, und dürfen sie keine Aemter haben, oder sich in Geschäfte mischen.

XXXII. Bey außerordentlichen Fällen kan der Decan auch jüngere Ordensbrüder, von deren Treue er versichert ist, welche auch die höhern Grade noch nicht bekommen können, zu den Geschäften und Versammlungen der Priester zulassen. Diese heißen Acolythi, tragen die Priester-Kleider, nur kürzer, das Haupt entblößt. Sie affistiren bey den Synoden, werden zu litterarischen Geschäften, Briefwechseln gebraucht, und ohne weitere Zeremonien in der Synode auf die Verschwiegenheit verpflichtet.

―――――

Wenn diese Instruction verlesen ist, so hat die ganze Zeremonie ein Ende, und wird diese Synodal-Versammlung also geschlossen, daß der Decanus noch einmal vor den Altar trete, da dann alle aufstehen, worauf er beide Arme und Hände vorwärts ausstreckt und spricht: Seyd gesegnet, erleuchtet, gehet hin im Frieden!

―――――

Nachricht von Weihung eines Decani.

Wenn der untern Priesterklasse ein Decan vorgesetzt werden soll, so geschieht dies entweder bey gänzlicher neuer Einrichtung dieser Klasse in einer Provinz, oder nach Absterben oder Abgang eines vormaligen Decans. Im ersten Fall besorgt allein der Provinzial, vermöge höhern Auftrags, diese Ernennung; im andern fordert er darüber die Vota der sämmtlichen Priester der Provinz ein, berichtet an die höhern Obern, und setzt, wenn das Subject bestimmt ist, die Synodal-Versammlung an. Der Decanus muß ein Mann aus den höhern Graden des Ordens seyn, und wie es sich versteht, alle erforderliche Eigenschaften und gründliche Kenntnisse haben.

Bey der Feyerlichkeit sind außer den übrigen Presbytern gegenwärtig

1. Plenipotentiarius	Alle in priesterlicher Kleidung; die ersten vier haben Kreuße auf der Brust, der Neu-erwählte noch nicht. Sein künftiger Mantel liegt auf dem Altar.
2. Primus Praepositus	
3. Secundus —	
4. Delegatus patrinus (Pathe)	
5. Neo-Electus.	

Der Plenipotentiarius tritt vor den Altar, mit dem Gesichte nach dem gegen überstehenden Neu-erwählten, an dessen linken Seite der Pathe steht, die beiden Präpositi aber stehen vor dem Plenipotentiarius mit dem Gesicht gegen den Altar.

De-

Priestergrab.

Delegatus: Aperi, Domine! os meum.*

Prim. praepof. (wiederholt dies) *Secund. praepof.* gleichfalls.

Plenipotent: Fili mi, quid postulas?

Delegatus: Ut Deus et Superiores nostri concedant nobis Decanum hunc, quem ad te duco, Fratrem N. N.

Plenipotent: Quid vobis complacuit in illo?

Delegatus: Modestia, morum integritas, scientia, benevolentia et ceterae virtutes.

Plenipotent: Habetis decretum?

Delegatus: Habemus.

Plenipotent: Legatur.

Delegatus liest mit lauter Stimme: Reverendissime N. N. Sedis dignitate conspicuo, credimus non-latere, quod nostra provincia suo sit viduata decano. Qua siquidem solatio proprii destituta decani communi voto atque consensu Superiorum elegimus nobis in decanum fratrem N. N. Presbyterum nostrae provinciae, maioris ordinis verum utique prudentem hospitalem moribus ornatum, sapientem, illuminatum et mansuetum. Deo

---

* Anm. Dieses hier vorkommende Latein ist hin und wieder fehlerhaft. Man hat aber alles dem Original gemäß liefern und nichts abändern wollen.

et Superioribus noſtris, per omnia placentemque ad celſitudinis veſtrae dignitatem deducere, curavimus unanimiter poſtulantes et obſervantes a veſtra Celſitudine nobis illum Decanum confirmari, quatenus auctore Domino nobis velut idoneus Decanus praeeſſe valeat, vt prodeſſe nosque ſub ejus ſapienti regimine in ſecuritate ac quiete magnis ſcientiis, aliisque operibus curare poſſimus. Ut autem omnium noſtrum vota in hanc electionem convenire noſcatis huic decreto propriis manibus roborando ſubſcripſimus (von allen Presbytern der Provinz unterſchrieben.)

Plenipotent: Videte, ne aliqua fraus vel dolus lateat.

Delegatus: Abſit!

Plenipotent: Ducatur.

(Der Neuerwählte wird vor den Altar geführt, zwiſchen den beiden Präpoſiten geſtellt, und der Pathe tritt hinter ihn.)

Neo-Electus: Aperi, Domine! os meum.

Praepoſ. 2. (wiederholt dies) *Praepoſ.* 1. (gleichfalls.)

Plenipotent: Fili mi, quid poſtulas?

Neo-Electus: Reverendiſſime Domine! Confratres mei elegerunt me, ſibi eſſe Decanum.

Plenipotent: Quo honore fungeris?

Neo-Electus: Presbyteratus maioris.

Plenipotent: Quos annos habes in Presbyteratu?

Neo-Electus: tres, quatuor etc.

Plenipotent: Habuisti directionem aliquam?

Neo-Electus: Habui.

Plenipotent: Qualem?

Neo-Electus: In ecclesia minervali, vel in directorio illuminatorum minorum etc.

Plenipotent: Disposuisti domui tuae?

Neo-Electus: Disposui.

Plenipotent: Nosti, quanta sit decani cura: quanta requiratur diligentia et fidelitas, et qua poena infligantur infideles et delatores?

Neo-Electus: Doce me Domine!

Plenipotent: Ego auctoritate Superiorum inductus, admoneo te, ut pacem, quietem, diligentiam et amorem inter Presbyteros tibi subditos confervare curam habeas vt inferiorem benevolentia et debita cura dirigere complaceas. Firmiter sub interminatione anathematis inhibeo tibi, ne quid de scientiis occultis, vel secreta tibi revelanda abducas, furripias, vel alicui profano communices, sed ea cum quiete possideas, et maxima cum cura custodias.

Si tu autem aliquid attentare praesumseris, maledictus eris in domo et extra domum, maledictus in civitate

tate et in agro, maledictus vigilando et dormiendo, maledictus manducando et bibendo, maledictus ambulando et sedendo, maledicta erunt caro et ossa, et sanitatem non habebis a planta pedis usque ad verticem. Veniat tunc super te maledictio hominis quam per Moisen in lege filiis iniquitatis Dominus promisit. Deleatur nomen tuum in libro viventium, et cum justis non amplius scribatur. Fiat pars et hereditas tua cum Cain fratricida, cum Dathan et Abiram, cum Anania et Saphira, cum Simone mago et Iuda proditore. Vide ergo ne quid feceris, quo anathema merearis.

Neo-Electus: Absit Domine!

Plenipotent: Accedite (Sie treten sämmtlich noch näher zum Altar, auf dessen untersten Stuffe der Neuerwählte niederkniet.).

Delegatus: Reverendissime Domine! Postulant admodum per me delegatum Presbyteri omnes vt hunc praesentem N. N. ad onus Decani sublevetis.

Plenipotent: Scitis illum esse dignum!

Delegatus: Quantum humana fragilitas nosse sinit, ut scimus et credimus, illum dignum esse.

Plenipotent: Quia ergo omnium in te vota conveniunt, confirmaris.

Neo-Electus: Praecepisti Domine!

Plenipotent: (legt die Hand auf des Neuerwählten Haupt.) Dilecto nobis fratri et Decani salutem in Domino sempiternam. Quoniam, ut credimus et scimus,

Pres-

Presbyteri hujus provinciae fratres noſtri te elegerunt Decanum et Superiores usque pendentes petierunt confirmari et ideo auxiliante Domino et auctoritate Superiorum per manus noſtrae impoſitionem, Te Decanum confirmavimus (Er nimmt die Hand wieder von ihm) Tu autem frater cariſſime ſcias, te maximum pondus ſuſcepiſſe laboris, exhortamur ergo dilectionem tuam, vt fidelitatem, quam in ingreſſu Ordinis promiſiſti, et dein ſaepius promiſſionem renovaſti, inviolabiliter cuſtodias. Nam fidelitas omnium virtutum fundamentum eſt. Scimus quod ab infantia literis es eruditus, et ſcientiis edoctus. Attamen breviter ad nos peryeniſti, et multa tibi adhuc occulta, quae tibi revelata ſunt. Sed cave, ne ſecundum Apoſtoli ſententiam in ſuperbiam elatus in iudicium incidas inimici ſcientiae tuae, et virtute nec confidas, quia neque Samſone fortior, nec Davide ſanctior, nec Salomone poteris eſſe ſapientior.

Scriptores veterum Philoſophorum et Sapientum ſaepius lege.

Si poteſt fieri, lectio haec in manibus tuis, maximeque in pectore tuo ſemper interrumpat ad inſtar namque ſpeculi anima tua in ipſam ſedulo reſpiciat, ut vel quae incorrecta ſunt corrigat, vel quae pulchra ſunt exornet. Diſce, quod ſapienter doceas amplecteus, cum ſecundum doctrinam ſanam eſt, vt potius exhortari in doctrina ſua, et eos qui mala fide contradicunt, arguere. Nec confundantur opera tua sermonem tuum. Vita igitur tua irreprehensibilis sit, in ipsa fratrum inferiorum regulam sumant, ex ipsa videant, quod diligant, cernant, quod imitari festinent, ut ad exemplum tuum omnes fideli studio vivere compellantur. Sis ergo subiectus. Tuis solicitudo laudabilis. Exhibeantur cum mansuetudine disciplina, cum directione correctio. Iram benignitas mitiget, benignitatem zelus exacuat. Ita et alterum ex altero condiatur, vt nec immoderata ultio ultra quam oportet, affligat, neque iterum frangat Decanum remissio disciplinae. Itaque boni te dulcem, pravi asperum sentiant correptorem, in qua videlicet correptione hunc esse ordinem noveris observandum et personas diligas, et vitia persequaris, ne si aliter agere fortasse volueris transeat in crudelitatem correctio vt pendas per irremissam iram, quod emendare per discretionem debueras.

(Die Präpositen hängen ihm den Mantel um).

Sit in te amabilis dulcedo, prudentia, mansuetudo et sapientia. Iniuste oppressis defensio tua subveniat. Illis autem qui oppriment, vigor tuus efficaciter contradicat. Nullus te favor extollat, nulla adversitas attristet, id est, ut nec in prosperis cor tuum elevetur, neque in adversis in aliquo deiiciatur. Sed omnia et in omnibus caute et cum discretione agere Te volumus, ut absque reprehensione ab omnibus vivere comprobetis (Er legt ihm nochmals die rechte Hand auf) Sicut nos Hermon, qui descendit in montem Sion, sic descendat super te Dei summae sapientiae benedictio!

(Er steht auf.)

B. Klei=

Regentengrad.

B. Kleiner Regentengrad.
Princeps.

Nachstehende Abschrift ist mit einem von den Erl. Obern documentirten und besiegelten Exemplare vollkommen gleichlautend, welches hiermit durch Vordrückung des Siegels der zweiten Deutschen National-Inspection bekräftigt wird. Edeßa 1152. Jezdedj.

Philo.

(L. S.)

Nachricht an den Provinzial wegen Ertheilung dieses Grades.

I. Wenn einer unter den Presbytern vorzüglich geschickt scheint, an der politischen Direction des Ordens Theil nehmen zu können; wenn er Weltklugheit mit Freyheit im Denken und Handeln, Vorsichtigkeit mit Kühnheit, Nachgiebigkeit mit festem Sinn, Geschicklichkeit und Kenntniß mit Einfalt und gerader Vernunft, Originalität mit Ordnung, Größe des Geistes mit Ernst und Würde verbindet; wenn er zu rechter Zeit schweigen und reden kan; wenn er mäßig und verschwiegen ist; wenn er zu gehorchen und zu befehlen versteht; wenn er von seinen Mitbürgern geliebt, geachtet und gefürchtet ist; wenn er eifrig und gänzlich an dem Orden hängt, das Beste des Ganzen und der Welt immer vor Augen hat; dann und nicht eher darf ihn der Provinzial in den Regentengrad dem National-Inspector vorschlagen. Doch ist dabey zu merken:

1) Man soll so sparsam als möglich mit Ertheilung dieses Grades seyn,

2) So viel es thunlich freye von Fürsten unabhängige Leute dazu nehmen,

3) Vor-

3) Vorzüglich solche auszusuchen, die sich oft erklärt haben, wie unzufrieden sie mit den gewöhnlichen menschlichen Einrichtungen sind, wie sehr sie sich nach einer bessern Regierung der Welt sehnen; und wie sehr die im kleinen Priestergrade ihnen eröffnete Aussichten ihre Seelen mit Hofnung erheitert haben.

II. Wird von dem National-Inspector in die Beförderung eines solchen eingewilligt, so sucht der Provinzial nochmals schriftlich oder mündlich den Candidaten über einige seiner Grundsätze, über welche man noch zweifelhaft seyn könnte, zu erforschen. Zu diesem Ende liest er die sämmtlichen Acten über seine Person sorgfältig durch, nemlich wie seine Verhältnisse sind, wie er stuffenweise auf die verschiednen Fragen geantwortet hat, wo es noch fehlen möchte, worinn er seine Stärke, und worinn er seine Schwäche hat u. s. w.

III. Nach dem daraus folgenden Resultat trägt er ihm auf, eine Ausarbeitung über einen Gegenstand zu liefern, worüber er sich nicht deutlich genug erklärt hat, z. B.

1) Wäre eine Gesellschaft verwerflich, welche, bis einst die größern Revolutionen der Natur reif wären, solche Lage erfunden, durch welche die Monarchen der Welt ausser Stand gesetzt würden, Böses zu thun? Auch wenn sie wollten, doch nicht könnten? eine Gesellschaft, welche im Stillen den Misbrauch der obersten Gewalt hindert? Wäre es nicht möglich, daß durch diese Gesellschaft die Staaten selbst ein Status in Statu würden?

2) Ist der Einwurf dagegen, daß eine solche Gesellschaft leicht Misbrauch von ihrer Gewalt machen könnte, nicht aus folgenden Gründen ungerecht? Machen nicht unsre jetzige Staatsregierungen täglich Misbrauch von ihrer Macht, ob wir gleich dazu schweigen? Diese Macht nun ist doch wohl nicht so sicher, als in den Händen unserer Mitglieder, die wir mit so unendlicher Mühe bilden? Wenn also ein Regiment, das Menschen stiften, unschädlich seyn kan; welches ist es wohl mehr, als unsers, auf die Moralität, Vorsicht, Klugheit, Freyheit und Tugend gestüztes?

3) Wäre es also nicht der Mühe werth, den Versuch zu machen (möchte es auch eine Chimäre seyn) ein solches allgemeines Sitten-Regiment einzuführen?

4) Ist die Freyheit, jeden Augenblick zurücktreten zu können, das Glück, geprüfte und gewählte Obern zu haben, die sich zum Theil selbst einander nicht kennen, folglich nicht zum gemeinschaftlichen Betrug verbinden können, die auch durch die Furcht vor den schon existirenden Staaten von allem Bösen abgehalten werden, ist dieß alles nicht schon Sicherheit genug? auch für einen Zweifler?

5) Und giebt es nicht vielleicht noch andre geheime Mittel uns gegen den Misbrauch der Gewalt, welche unser O. den Obern giebt, zu schützen? und welche könnten diese Mittel seyn?

6) End-

6) Endlich kan der Despotismus (wäre es auch der Despotismus) solcher Leute gefährlich seyn, die von dem ersten Schritt an, den ein Novize im O. thut, nichts als Aufklärung, Freyheit und Tugend predigen, folglich um so weniger verdächtig seyn können, da sie, wenn sie gefährliche Absichten hätten, sich ihre eigne Maschine sehr zweckwidrig zubereitet hätten.

IV. Wenn der Presbyter diese oder ähnliche Fragen gut beantwortet hat, so schickt der Provinzial seine Aufsätze an den National-Inspector, und wenn derselbe nochmals in seine Aufnahme einwilligt, und die Acten zurückgeschickt hat, so bestimmt der Provinzial die Zeit des Convents zu seiner Aufnahme.

V. Sodann wird dem Candidaten angedeutet, daß, da er von nun an Papiere von größerer Wichtigkeit im Hause haben würde, er eine schriftliche bündige Disposition machen, und bey seiner Familie oder gerichtlich niederlegen, wie auch dem O. davon Nachricht ertheilen solle, wie er es im Falle eines schleunigen Todes mit seinen Briefschaften wolle gehalten haben. Er muß sich auch von dem Gerichte oder der Familie einen Empfangschein geben lassen.

VI. Wenn die Regenten der Provinz an dem Orte versammelt sind, so wird Tag und Stunde der Aufnahme angesetzt.

Ritual

Ritual bey der Aufnahme.

I. Der Ort hat drey Zimmer. Im letzten ist Stufenhoch ein rother reich verzierter Thron Himmel, unter welchem ein Seßel von eben der Farbe für den Provinzial steht; rechter Hand ist eine etwa $6\frac{1}{2}$ Schuh hohe weiße Säule, auf welcher eine Krone, roth und Gold, auf einem rothen Kißen liegt, an der Säule aber hängt, wie eine Trophäe, ein Hirtenstab von weißem Holze, und ein natürlich nachgeahmter Palmzweig.

Linker Hand steht ein Tisch, roth bedeckt, auf welchem die Kleidung des Regenten liegt. Diese Kleidung ist folgende: Ueber dem Rocke wird eine Art von Kürras oder Brustschild, aber nur von weißem Leder getragen, worauf ein rothes Kreutz steht.

Ueber demselben ein offener weißer Mantel mit Ermeln, auf welchem auf der linken Brust das rothe Kreutz geheftet ist. Die Ermel haben kleine rothe Aufschläge. Uebrigens ist der Mantel wie ein offenes Hemd gemacht. Der Halskragen ist roth.

Auf dem Kopfe tragen sie einen hohen weißen runden Hut, mit einem rothen Federbusche.

An den Füßen rothe zugeschnürte Halbstiefeln. Nur der Provinzial hat zum Unterschied um das Kreutz, so er auf dem Brustschilde trägt, goldne Strahlen.

Das Zimmer ist roth tapeziert und gut erleuchtet. In diesem Zimmer ist ganz allein der Provinzial auf dem Thron, und sonst Niemand. Im mittlern Zimmer sind die übrigen Regenten. Niemand, auch der Provinzial nicht, trägt Schwerd oder andre Waffen. Das vorderste Zimmer ist zur Vorbereitung, es ist schwarz behängt, und steht in demselben ein paar Stufen hoch ein ganzes Menschengerippe, zu dessen Füßen Krone und Schwerd liegen.

Dahin wird der aufzunehmende geführt; man fordert ihm die Abschrift seines der Verordnung gemäß niedergelegten letzten Willens, nebst der Bescheinigung, welche das Gericht oder die Familie darüber gegeben, ab. Sodann werden ihm Fesseln an die Hände gelegt. Er erscheint in gewöhnlicher bürgerlicher Kleidung.

II. Wenn er einige Augenblicke hier verweilt hat, so wird im nächsten Zimmer nachfolgendes Gespräch so laut gehalten, daß er es hören könne:

Frage. Wer hat den Sclaven zu uns herein geführt?

Antwort. Er kam und klopfte an.

Fr. Was will er?

A. Er sucht Freyheit. Er bittet auch ihn von seinen Banden zu befreyen.

Fr. Warum wendet er sich nicht an die, die ihm die Bande angelegt haben?

A. Die wollen ihn nicht befreyen, sie ziehen Vortheil aus seiner Sclaverey.

Fr. Wer hat ihn denn in die Knechtschaft gebracht?

A. Die Gesellschaft, der Staat, die Gelehrsamkeit, die falsche Religion.

Fr.

Fr. Und dieß Joch will er abschütteln, und ein Abtrünniger, ein Aufrührer werden?

A. Nein! er will nur mit uns Hand in Hand gegen den Mißbrauch der Staatsverfassungen, gegen Verderbniß der Sitten, gegen Entweihung der Religion kämpfen. Er will durch uns mächtig werden, diese edle Zwecke auszuführen.

Fr. Und wer ist uns Bürge dafür, daß, wenn wir ihm die Macht in die Hände geben, er diese Macht nicht auch mißbrauche, nicht an andern zum Tyrannen werde, und neues Elend über die Erde verbreite?

A. Sein Herz und sein Verstand sind uns Bürge dafür, der O. hat ihn geläutert. Er hat gelernt seine Leidenschaften bezwingen. Er hat sich selbst erforscht. Die Obern haben ihn geprüft.

Fr. Das heißt sehr viel gesagt. Ist er auch über Vorurtheile hinaus? Opfert er willig das Interesse der kleinern engern Verhältnisse dem allgemeinen Wohl der Welt auf?

A. Das hat er uns verheißen.

Fr. Wie mancher schon verhieß dieß, und erfüllte es nicht: ist er Meister über sich? kann er der Versuchung widerstehen? Gilt bey ihm kein Ansehen der Person? Frage ihn, wer der Mann gewesen, dessen Gerippe jetzt vor ihm steht, ob es ein König, Edelmann oder Bettler war?

A. Er

A. Er kennt ihn nicht; die Natur hat von diesem Menschen alles, wodurch das Verderbniß den Unterschied der Stände bezeichnet, weggenommen und unkenntlich gemacht. Nur allein dieses sieht er an dem Gerippe, daß es ein Mensch, einer von uns gewesen. Dieser Character, ein Mensch zu seyn, ist ihm allein wichtig. Ihn verletzt sogar die zerstörende Verwesung nicht.

Fr. Gut! wenn er so denkt, so soll er auf seine Gefahr frey seyn; führe ihn herzu! — Aber er kennt uns ja nicht! Was für Ursachen hat er, sich in unsern Schutz zu begeben? Gehe hin und rede mit ihm!

III. Nun geht ein Regent zu ihm hinaus, nimmt ihm die Fesseln ab, und redet ihn folgendermaßen an:

Nach den genauen Kenntnissen, welche Sie, mein Bruder! jetzt von den hohen Zwecken des O. haben, wird Ihnen wohl kein Zweifel mehr über die Uneigennützigkeit, Würde, Größe und Aechtheit der Sache übrig bleiben. Es wird Ihnen nun auch ziemlich gleichgültig seyn, die Obern zu kennen, und auch nicht zu kennen. Unterdessen habe ich den Auftrag, Ihnen hierüber folgende Erläuterung zu geben:

Wenn man unsern O. als den kleinen Haufen derer, dem allgemeinen Verderben entgegen arbeitenden, guten und weisen Männer ansieht, welche der Ueberschwemmung entflohen, mit den Schätzen der Weisheit und Tugend ausgerüstet, sich und die ihrigen retteten, um einer neuen

Generation glücklichere Perioden vorzubereiten; so kan man sagen, daß unser O. so alt als die Welt ist. Es gab von jeher ein solches heiliges Bündniß. Gott und die Natur ließen die beßern Werkzeuge, durch welche sie nach und nach die Menschen wieder zu dem höchsten Gipfel ihrer Vollkommenheit erheben wollten, in keinem Zeitalter von dem Strohm der Verderbniß verschlungen werden.

Diese bauten sich eine Arche, zu welcher Gott selbst den Plan gab, entkamen der Sündfluth, und überlieferten ihren Nachkommen, wenn der gröste Sturm vorüber war, die aufbewahrten geretteten Grundpfeiler zu einer neuen Welt. Deswegen zählt auch die Freymaurerey schon die Patriarchen und Noachiten unter ihre Mitglieder, und wir haben Ihnen in dem Priestergrade gesagt, wie zuletzt Jesus der Erlöser den Grundstein der neuen Kirche, des Reichs der Wahrheit, Weisheit und Freyheit gelegt hat, und wie unser O. immer existirt, und nur unter verschiednen Gestalten auf das Ganze gewirkt. Allezeit, wenn er auf einen gewissen Punct gekommen war, und sich hier und da Corruption eingeschlichen hatte, warf der Hauptstamm, der hohe O. seine Hülle weg, und erschien unter einer neuen Gestalt. Man thut auf diese Art in jeder Periode, so viel zu thun möglich ist, und auf welche Weise dieß zu thun möglich ist. Das Innere aber bleibt unentweihet. Auch die Freymaurerey hat diese Corruption erlebt, und es war Zeit, sie zu reformiren. Aber

Aber sie hat das von ihr zu erwartende Gute vollkommen erreicht, und die Welt zu der Arbeit vorbereitet, die wir jetzt treiben. Doch bedarf man ihre Hülfe noch eine Zeitlang, und das ist die Ursache, warum wir in den mittlern Klassen ihre alte Gebräuche beybehalten. Es kan jedem vernünftigen Menschen gleichgültig seyn, wie früh oder wie spat die symbolische Freymaurerey ihren Ursprung genommen hat; wer das Recht hat, ⌑ zu constituiren, und wo der Sitz der ächten Obern der Freymaurerey ist. Alles was mich glücklich macht, ist ächt, es komme woher es wolle, und nur diejenigen Freymaurer=Systeme, welche eigennützige und gar keine Kenntnisse haben, streiten um das Recht ⌑ zu errichten. Wir erlauben jedem, der seine Kunst versteht, sie ächt zu nennen. Ist sie gut und heilsam, so wird sie der Welt Nutzen schaffen, und dann ist unser Plan erreicht. Ist aber die Sache nichts werth, so wird sie bald von selbst verfallen. So viel wir können, suchen wir zwar alles freylich nach unsern Zwecken zu lenken, weil wir von der Güte unserer Sache überzeugt sind; aber wir zwingen Niemand in den untern Klassen, uns auf unser Wort zu glauben, daß wir in dem einzigen Besitze der ächten Freymaurerey sind, sondern er mag erst sehen, ob er anderswo etwas besseres findet. Hat er aber lange genug vergebens gesucht und nicht gefunden, dann muß er aus Dankbarkeit auch ganz an uns hängen. Er wird aller Orten von geheimen Obern reden hören, aber von Obern, die ihm nichts befriedigendes geben, und

und denen er doch auf ihr Wort glauben soll, daß sie an der ächten Quelle sind; das verläugnen wir nur insofern, als jemand bey uns Befriedigung finden, und dafür, daß wir Kenntnisse mittheilen und Aussichten eröfnen, die jedes klugen redlichen Mannes würdig sind, soll dieser Mann sich nicht darum bekümmern, woher die Kenntnisse kommen. Nicht die Personen, die Sachen müssen sein Augenmerk seyn. Fragt man also, wer unser System der untern Klassen in seiner neuen Form eingerichtet hat, wie alt es ist, und wer die Stifter dieser Einrichtung sind, so dürfen wir darauf folgendes antworten:

Unsere Stifter hatten Kenntnisse, weil sie solche mittheilten. Bey Gründung des äußern Os nützten sie das Studium der Mängel und Vorzüge aller bisherigen Anstalten von der Art, den Rath der klügsten, besten, feinsten, erfahrensten Männer, und verbanden dieß mit philosophischem Scharfsinn. Ueberlieferungen, Wärme für das allgemeine Wohl und Uneigennützigkeit, theils aus Bescheidenheit, theils um sich gegen ihre eignen Leidenschaften sicher zu stellen *, überlieferten sie darauf die ganze Direction des Gebäudes andern treuen Händen, und zogen sich zurück: man wird nie ihren Nahmen erfahren, und die, welche jetzt das Ruder führen, sind nicht die Stifter der neuen Einrichtung. Aber die Nachwelt wird die unbekannten Wohlthäter segnen, und

dop=

* Anm. Hier scheint etwas zu fehlen.

doppelt segnen, da sie der Eitelkeit entsagt haben, durch Fortpflanzung ihrer Nahmen im O. verewigt zu werden. Alle Documente darüber sind verbrannt.

Jetzt haben Sie es also mit andern Männern zu thun, die nach und nach im O. durch die erhaltene Bildung zu der Direction hinaufgerückt sind. Auch Sie werden bald an diesem Ruder stehen. Jetzt erwarte ich aber erst die Erklärung von Ihnen, ob Ihnen irgend ein Zweifel gegen die redlichen Absichten der Obern, oder irgend eine andere Unzufriedenheit übrig ist?

Der Candidat antwortet, und hat er noch Zweifel, so müssen ihm solche gehoben werden. Alsdann fährt der Introductor fort:

So folgen Sie mir dann.

IV. Sie nähern sich beyde der Thür des mittlern Zimmers. Der Introductor öfnet dieselbe (denn in diesem Grade wird nicht mehr geklopft). Die anwesenden Regenten dringen hinzu, und einer derselben fragt: Wer kommt da?

Antw. Ein Knecht, der seinem Herrn entlaufen ist.

Der Andere: Hier erlangt kein Knecht den Eintritt.

Introduct. Er ist entfloben, um kein Knecht zu seyn. Er sucht Hülfe und Schutz bey uns.

Der Andre: Wenn ihn aber sein Herr verfolgt?

Introd. Die Thüren sind verschlossen, er ist sicher.

Der Andre: Wenn aber dieser Knecht bey uns ein Verräther wäre?

Introd. Das ist er nicht, er ist unter den Augen der Erleuchteten aufgewachsen, sie haben das Siegel Gottes auf seine Stirn gedrückt.

Der Andre: Nun, so sey er uns willkommen!

Sie treten herein, und gehen, begleitet von den übrigen Regenten, bis an die Thür des letzten Zimmers. Ein Regent geht voraus in dasselbe. Der Introductor will die Thür öfnen, wird aber von dem vorher hineingegangenen zurück gehalten, der ihm zuruft:

Zurück! Wen bringst du? Hier wirst du nicht so leicht Eingang finden.

Introd. Ich bringe einen Gefangnen, der Freyheit sucht, und in die Arche will.

Der Andere: Wir haben ihn nicht in die Knechtschaft gebracht. Wir wollen nicht in die Rechte seines Herrn greifen. Er sorge für sich selbst.

Introd. Ihr habt ihm Hülfe versprochen. Ihr habt ihm Hofnung gemacht, als er in der Knechtschaft war. Er war im finstern, und ihr habt ihn erleuchtet. Ihr habt ihn regiert. Er kan sich jetzt selbst regieren, und nun will er frey werden.

Der Provinzial ruft vom Thron herab:

Lasset ihn denn hereinkommen, daß wir sehen, ob er das Zeichen der Freyheit an sich trägt.

Man öfnet die Flügelthüren und führt den Aufzunehmenden vor den Thron. Die Regenten treten zu beyden

den Seiten desselben, der Introductor zur Seite des Aufzunehmenden.

Der Provinzial: Unglücklicher! Du bist ein Knecht, und wagst dich in die Versammlung der Freyen? Weist du auch, was deiner erwartet? Durch zwey Thore bist du gedrungen, aber aus diesem trittst du nicht ungestraft wieder heraus, wenn du unser Heiligthum entheiligest.

Introd. Das wird er nicht thun: ich hafte für ihn.

Ihr habt ihn gelehrt nach Freyheit zu seufzen; erfüllt auch jetzt euer Versprechen.

Der Provinz. Wolan denn, mein Bruder! Du bist manche Vorbereitungen durchgegangen, wir haben dich geprüft und edel und gut gefunden. Du hast dich uns voll Zutrauen in die Hände geliefert; es ist Zeit dir zu zeigen, daß wir die Freyheit, welche wir so reizend darstellen, auch geben wollen. Wir haben dich geleitet, so lange du der Leitung bedurftest; du siehst dich jetzt stark genug, dich selbst zu regieren. So sey es denn auf deine Gefahr, sey ein freyer Mensch, das heißt ein Mensch, der sich selbst zu regieren weiß, der seine Pflichten, der seine dauernde Vortheile kennt, der niemand als der Welt dient, der nichts thut, als was der Welt und Menschheit nützlich ist. Alles andere ist unrecht. Auch von uns selbst sollst du künftig unabhängig seyn. — Hier hast du alle Verbindlichkeiten, welche du dem O. geleistet hast, zurück. (Er giebt ihm die sämmtlichen

lichen Acten über seine Person, Revers, Initiations-Protocoll, Lebenslauf, zurück). — Du bist uns fernerhin nichts schuldig, als wozu dich dein Herz beweget. Wir verlangen nicht Tyrannen, sondern Lehrer der Menschen zu seyn. Hast du nun bey uns Befriedigung, Ruhe, Freude, Glück gefunden, so wirst du uns nicht verlassen. Haben wir uns in dir, oder du dich in uns geirrt, so ist es dein Schade. Du bist also frey. Aber wisse, daß auch die unabhängige Menschen sich einander helfen, auf keine Art beleidigen, sich gegen Beleidigungen schützen, und daß im Fall der Beleidigung jeder gegen dich das Recht der Vertheidigung hat. Aber eben so sicher findest du auch bey uns Schutz und Unterstützung, wenn du die Macht, die wir dir verleihen wollen, nicht zum bösen anwendest, wenn dein Herz voll Uneigennützigkeit, voll Wärme für das Wohl deiner Glieder glüht. O! greif mit an, arbeite für das arme Menschengeschlecht, und deine letzte Stunde wird heiter seyn; wir verlangen ja nichts weiter von dir, wollen für uns nichts erringen. Frage dein eigenes Herz, ob man nicht von je her edel und uneigennützig mit dir verfahren ist! Könntest du undankbar gegen so viel Wohlthat seyn? O dann strafe dich dein Herz, wir wollen dich nicht strafen. — Aber nein, du bist ein geprüfter und fester Mensch! Sey es immer und regiere künftig mit uns die gedrückten Menschen, führe sie zur Tugend, zur Freyheit! Welche Aussicht, wenn einst wieder auf der Erde

Regentengrad.

Erde Glück, Liebe und Frieden herrschen werden, wenn alles Elend, alles überflüßige Bedürfniß, alle Verblendung, aller Druck verbannt ist, wenn jeder auf seinem Platze zum Besten des Ganzen thut, was er kann, wenn jeder Hausvater Fürst in seiner ruhigen Hütte ist, wenn der, welcher sich Eingriffe in diese heiligen Rechte erlauben wollte, nirgend in der Welt eine Freystädte findet, wenn kein Müßiggang geduldet wird, wenn das Heer unnützer Wissenschaften verbannt, nichts mehr gelehrt wird, als was den Menschen besser macht, ihn seinem natürlichen Zustande und seiner künftigen Bestimmung näher führt, und wenn die Beschleunigung dieser Periode unser Werk ist, wenn jeder Mensch dem andern brüderlich die Arme ausstreckt. In dem unsrigen kanst du Glück und Ruhe finden, wenn du treu und redlich bleibst; und das ist das Zeichen dieses Grades, daß man beyde Arme gerade vorwärts gegen den Bruder ausstrecke, und die flachen von Unrecht und Gewalt unbefleckten Hände offen hinhalte. Der Griff ist: daß man die andern beyden Ellenbogen umfasse, gleichsam um ihn zu unterstützen, und ihm aufzuhelfen. Das Wort ist Redemtio.

Jetzt wird die Kleidung angelegt.
Das Brustschild.

Waffne deine Brust mit Treue, Wahrheit, Vestigkeit, und sey ein Christ, so werden die Pfeile der Verläumdung und das Unglück nie auf dich eindringen.

J   Die

Die Stiefeln.

Sey schnell zum Guten, und scheue keinen Weg auf welchem du Glück verbreiten oder finden kanst.

Der Mantel.

Sey ein Fürst in deinem Volke, das heißt: sey ein weiser und redlicher Wohlthäter und Lehrer deiner Brüder.

Der Hut.

Diesen Freyheits-Hut müssest du nie mit einer Krone vertauschen mögen!

So regiere dann mit Weisheit, und denke, daß der welcher die Macht giebt, sie dir auch wieder nehmen kan!

Der Provinzial umarmt ihn.

Jetzt höre, was künftig die Pflichten deines neuen Standes fordern!

Es werden die Beylagen A. und B. verlesen. Wenn der Provinzial schliessen will, verneigt er sich stillschweigend, da denn die Regenten wieder abtretten. Wer Local-Oberer wird, bekommt seine Instruction versiegelt aus des Provinzials Händen.

A.
Directions-System des ganzen Ordens.

I. Die höchsten Obern unsers erlauchten Ordens der wahren ächten Freymaurerey beschäftigen sich nicht unmittelbar mit der genauern Direction des Gebäudes. Aber

Aber sie beglücken uns, indem sie zugleich auf andre sehr wichtige Art für unser Wohl arbeiten, mit ihrem Rath, Unterricht und mit sehr kräftiger Hülfe.

II. Indessen haben die huldreichen lieben Obern eine Klasse von Maurern errichtet, deren Händen sie den ganzen Operationsplan anvertraut haben, und dieß ist die Regentenklasse, in welcher Sie heute den ersten Eintritt erlangt haben.

III. Mit diesen Regenten sind die ersten O. Aemter besetzt, und wer den Grad nicht hat, kan nicht einmal Präfect oder Local-Oberer werden.

IV. Jedes Land hat einen National-Obern, welcher in unmittelbarer Verbindung mit unsern Vätern, deren einer das Haupt-Ruder führt, steht.

V. Unter dem National und seinen Gehülfen stehen denn die Provinzialen; deren jeder Kreis unsers Vaterlandes einen hat.

VI. Der Provinzial hat zu seiner Hülfe Consultoren, und unter ihm stehen

VII. eine gewisse Anzahl von Präfecten, welche wieder in ihren Districten Gehülfen aus diesem Grade haben können. Und diese alle gehören zu der Klasse der Regenten, wie auch der jedesmalige Decanus der Provinz.

VIII. Alle diese Aemter sind (ausser dem Fall der Beförderung zu höhern Aemtern, der Abdankung, Absetzung oder des Todes) lebenslänglich.

IX. Wenn ein Provinzial-Oberer stirbt so wird ein neuer von den sämmtlichen Regenten der Provinz gewählt und von den National-Obern, mit Beystimmung des Nationals.

X. Da auf dieser Klasse das ganze Wohl des O. beruht, so ist es billig, daß kein Regent häußlichen Mangel leide. Die Regenten sollen also die ersten seyn, für deren Versorgung und Unterhalt, wenn sie dessen bedürfen, man Sorge tragen muß.

XI. Alle Regenten einer Provinz machen ein besonderes Korps aus, und ihr unmittelbarer Oberer ist der Provinzial, dem sie Gehorsam schuldig sind. Seine Last ist groß. Seine Belohnung kan er nur aus dem Erfolge seiner edeln Bemühungen für das Wohl der Welt, und aus der Bereitwilligkeit der übrigen Regenten, ihm, der genauer unterrichtet ist, ohne Murren zu folgen, schöpfen.

XII. Da die Aemter im O. keine Ehrenstellen, sondern freywillig übernommene Bürden sind, so müssen die Regenten bereit seyn, zum Besten des Ganzen so zu wirken, wie es ihnen ihre Lage und ihre Fähigkeiten erlauben. Hier gilt kein Alter im O. also wird es sich oft fügen, daß der jüngste Regent Provinzial und der älteste nur Local-Oberer oder Consultor ist, wenn jener etwa im Mittelpuncte der Provinz, dieser aber an der äussersten Gränze wohnt; oder wenn jener seiner natürlichen Thätigkeit oder seinen weltlichen Umständen nach, den

Plaz

Platz besser ausfüllen kan, dieser hingegen vielleicht mehr Beredsamkeit besitzt. Ja mancher Regent wird sich nicht scheuen dürfen, sich irgend ein kleines Amt bey einer Minervalkirche zu erbitten, um ein gutes Beyspiel zu geben.

XIII. Damit der Provinzial nicht nöthig habe, mit einer Menge Menschen unmittelbar in Briefwechsel zu stehen, so laufen alle Briefe und Q. L. Zettel der Regenten durch die Hände des Präfects, außer wenn der Provinzial die andern * verordnet.

XIV. Aber er erbricht nicht die Q. L. der Regenten, sondern sie gehen uneröfnet an den Povinzial, und von da weiter.

XV. Die Zusammenkünfte der Regenten heissen Convente. Der Provinzial, welcher darinn den Vorsitz hat, hält sie so oft er es nöthig findet, und kan dazu alle oder nur einige seiner Regenten, nachdem die Verhandlungen es erfordern, einladen; wer nicht erscheinen kan, muß sich hinlänglich und wenigstens vier Wochen vorher entschuldigen. Außerdem muß er sich einfinden, Rechenschaft von seinen bisherigen Geschäften geben, und sich den neuen Aufträgen des Provinzials und der höhern Obern unterziehen. Jährlich soll wenigstens einmal der Provinzial-Convent gehalten werden.

XVI.

* Soll wohl heißen ein anders.

XVI. Worauf übrigens die Regenten vorzüglich aufmerksam seyn müssen, das ist aus nachfolgender Instruction zu ersehen.

XVII. Was die öconomischen Umstände des O. betrift, so ist zwar schon zu seiner Zeit darüber insbesondre geredet worden; doch wird es nöthig seyn, hier noch im Allgemeinen etwas zu sagen. Es ist schon aus dem vorigen bekannt, daß wir uns nach und nach bemühen sollen, Fonds zu erhalten. Dabey ist zu bemerken:

a. Daß jede Provinz die Gewalt über ihre Kasse behält, daß nichts an die Obern jemals eingeschickt wird, außer etwa kleine Beyträge zur Bestreitung des Briefwechsels.

b. So soll auch jede Versammlung und jede ☐ ihren Fond eigenthümlich behalten, und da, wo es auf den Conventen ausgemacht wird, das Vermögen mehrerer ⌧ oder Präfecturen zusammen zu schießen, um etwa große Unternehmungen zu machen, wird dies Geld nur als ein Darlehn angesehen, und müssen den ⌧ nicht nur Zinsen, sondern auch die Capitalien erstattet werden.

c. Der Provinzial hat also gar keine Kasse, sondern nur die Etats über das Vermögen seiner Provinz.

d. Die Einnahmen sind überhaupt:

    aa. Freymaurer-Receptions-Gelder

                                       bb. Ueber-

bb. Ueberschüße der monathlichen Beyträge
cc. freywillige Geschenke
dd. Strafen
ee. Legaten und Donationen
ff. Handel und Gewerbe.

e. Die Ausgaben:

aa. Unkosten zu den Versammlungen, Briefwechsel, Auszierungen, seltenen Reisen
bb. Pensionen für arme unversorgte Brüder, wenn gar keine andre Mittel, ihnen zu helfen, da sind
cc. zu Durchsetzung großer Zwecke
dd. zu Ermunterung der Talente
ee. zu Versuchen und Proben
ff. für Wittwen und Kinder
gg. Fundationen.

B.
Instruction für den ganzen Regentengrad.

I. Da der O. die Absicht hat, wahre menschliche Glückseligkeit zu befördern, die Tugend liebenswürdiger darzustellen, und dem Laster furchtbar zu werden; so versteht sichs, daß die Lehrer und Regierer der Menschheit auch öffentlich als die besten Menschen bekannt werden müssen. Ein Regent soll also einer der vollkommensten Männer seyn, klug, vorsichtig, geschickt, beliebt, gesucht, frey von Vorwürfen und Tadel, im allgemeinen Rufe von

Einsicht, Aufklärung und Menschenliebe, voll Integrität, Uneigennützigkeit, Liebe zum Großen, Allgemeinen und Außerordentlichen.

II. Die Regenten sollen die Kunst studiren zu herrschen, ohne das Ansehen davon zu haben. Unter der Hülle der Demuth, einer nicht verstellten, sondern wahrhaften Demuth, gegründet auf das Bewußtseyn eigner Schwäche, und daß man nur durch unsere Verbindung stark sey, sollen sie unumschränkt regieren, und jeden Zweck des Os durchzusetzen verstehen. Die Befehle müssen das Ansehen von Bitten, Verweise die Schaale des Lobes haben. Denn man hat es mit freywillig gehorchenden Menschen zu thun, die nicht nur ihr Joch nicht fühlen, sondern überhaupt kein Joch tragen müssen. Man will die Menschen an der Hand ihrer eignen Vernunft zu ihrem Besten leiten. Sie sollen ihre Schwäche und die Nothwendigkeit ihrer Folgsamkeit erkennen: Alles ist verdorben, wenn man ihre Eitelkeit gegen diese Selbsterkenntniß reizt. Man vermeide also jenen steifen schulmäßigen Ernst, wodurch man sie nur zurückstößt, und sich bey klugen Weltleuten lächerlich macht. Hingegen muß man selbst das strengste Beyspiel von ehrerbietigem Gehorsam gegen die Obern geben, besonders ein vornehmer von Geburt gegen einen Obern vom niedern Stande.

Doch sey die Behandlung nach den Subjecten verschieden, mit denen man es zu thun hat. Sey der Vertraute

traute des einen, der Vater des andern, der Schüler des dritten, und nur von sehr wenigen der strenge unerbittliche Obere, und auch denn sey es mit einer Art von Widerwillen, und nie aus eigner Willkühr. Sage ihm: du wünschtest, der O. möchte dieß verdrießliche Geschäft in eines andern Hände gelegt haben; du seyest es müde, hier den Schulmeister, den Zuchtmeister eines Menschen zu spielen, der längst gelernt haben sollte, sich selbst zu führen.

III. Da unsre heilige Legion, durch die ganze Welt zerstreuet, der Tugend und Weisheit den Sieg verschaffen muß, so soll jeder Regent unter dem übrigen Volke ein gewisses Gleichgewicht zu befördern suchen, soll sich jedes zu tief Bedrängten annehmen, jeden zu hoch sich erhebenden nieder halten. Er soll nicht leiden, daß der Dümmere über den Klügern, der Böse über den Guten, der Unwissende über den Gebildeten, der Schwächere über den Stärkern, auch wenn dieser Unrecht haben sollte, zu sehr den Meister spiele. Aber dieß geschehe mit Vorsicht und Klugheit.

IV. Der Mittel auf die Menschen zu wirken, sind unendlich viele. Wer kan sie alle vorschreiben? Dem Nachdenken der Regenten wird es demnach überlassen, täglich neue Hülfsmittel zur Erreichung unserer Zwecke zu erfinden. Auch verändert sich das Bedürfniß des Zeitalters:

alters: zu einer Zeit wirkt man durch den Hang der Menschen zum Wunderbaren, zu einer andern durch den Reiz mächtiger Verbindungen. Deswegen ist es zuweilen nöthig, den Untergebenen vermuthen zu lassen (ohne jedoch selbst die Wahrheit zu sagen) als wenn insgeheim von uns alle übrige Os und Freymaurer Systeme dirigirt, oder als wenn die grösten Monarchen durch den O. regiert würden, welches auch würflich hie und da der Fall ist; wo eine große herrliche Begebenheit vorgeht, da muß genuthmaßt werden, daß sie durch uns geschehe; wo ein großer sonderbarer Mann lebt, da müße man glauben, er sey von den Unsrigen. Man ertheile zuweilen ohne weitern Zweck mystische Befehle, lasse z. B. einen Untergebenen an einem fremden Orte, in einem Gasthofe unter seinem Teller ein Ordens-Sendschreiben finden, das man ihm viel bequemer zu Haus geben können. Man reise zu den Zeiten der Messe, wenn man kan, in die großen Handelsstädte, bald als Kaufmann, bald als Abbe, bald als Officier, und erwecke sich aller Orten den Ruf eines vorzüglichen achtungswürdigen, in wichtigen Geschäften und Angelegenheiten gebrauchten Mannes. — Dieß alles aber ungekünstelt, mit Feinheit, und nicht als Avanturier, auch nur da, wo man sich keinem Vorwitze, keiner Inquisition ausgesetzt siehet. Oder man schreibe wichtige Befehle mit einer chymischen Tinte, die nach einiger Zeit von selbst wieder verlöscht, und dergleichen mehr.

V. Ein

V. Ein Regent soll gegen Untergebene, so viel möglich, gar keine Schwäche zeigen; selbst seine Krankheit, sein Misvergnügen soll er ihnen verschweigen, wenigstens nie klagen.

VI. Durch Weiber würkt man oft in der Welt am mehrsten; bey diesen sich einschmeicheln, sie zu gewinnen suchen, sey eines euerer feinsten Studien. Mehr oder weniger werden sie alle durch Eitelkeit, Neugierde, Sinnlichkeit und Hang zur Abwechselung geleitet. Hieraus ziehe man Nutzen für die gute Sache! Dieß Geschlecht hat einen großen Theil der Welt in seinen Händen.

VII. Auch das gemeine Volk muß aller Orten für den O. gewonnen werden. Dieß geschieht am besten durch Einfluß auf die Schulen; sodann durch Freygebigkeit, durch eignen Glanz, durch Herablassung, Popularität, und durch äußere Duldung der herrschenden Vorurtheile, die man erst nach und nach ausrotten kan.

VIII. Wo man in der Regierung eines Landes die Hand hat, da stelle man sich, als wenn man gerade am wenigsten vermögte, so wird uns nicht entgegen gearbeitet; und wo man nichts durchsetzen kan, da scheine man alles zu können, damit man gefürchtet, gesucht und dadurch verstärkt werde.

IX. Alles was dem O. unangenehmes begegnet, bleibe ein ewiges Geheimniß vor den Untergebenen.

X. Den

X. Den Regenten liegt es ob, für die Versorgung der Brüder zu wachen, und nach Anweisung des Provinzials für sie die schicklichsten Bedienungen zu erringen.

XI. Die Regenten sollen sich einer vorzüglichen Verschwiegenheit befleißigen, und also über Dinge, worüber sie sich nicht erklären dürfen, wenn sie befragt werden, mit äußerster Behutsamkeit antworten. Doch darf dieses alles nicht gezwungen scheinen. Es giebt Fälle, wo man sogar eine gewisse Geschwätzigkeit annehmen, und das Ansehen haben muß, als wenn man aus Freundschaft ein Wort zu viel sagte, um entweder den Untergebenen auf die Probe zu setzen, ob er dieß verschweigen könne? oder eine gewisse Sage unter die Leute zu bringen, woran dem O. gelegen ist, daß man sie glaube. Bey zweifelhaften Fällen bleibt indessen immer vorgeschrieben, in den Q. L. den höhern Obern um Rath zu fragen.

XII. Der Regent stehe auch in welchem O. Amte es sey, so soll er so wenig als möglich auf die Anfrage seiner Untergebenen mündlich antworten, damit er Zeit habe, alles wohl zu überlegen; und desfalls anzufragen.

XIII. Auf alles, was dem O. im Großen Nutzen bringen kan, sollen die Regenten aufmerksam seyn, z. B. durch Handlungs-Operationen oder dergl. die Macht des O. zu verstärken. Die darüber einlaufende Projecte soll man an den Provinzial einschicken. Eilige Anzeigen setzt man

man nicht in das gewöhnliche Q. L. weil er daſſelbe nicht erbrechen darf.

XIV. Ueberhaupt ſoll über das, was allgemeinen Einfluß haben kan, fleißig an den Provinzial berichtet werden, damit man Vorkehrungen treffen könne mit vereinten Kräften zu würken.

XV. Wenn ein Schriftſteller in einem öffentlichen gedruckten Buch Sätze lehrt, die, wenn ſie auch wahr ſind, noch nicht in unſern Welt-Erziehungsplan paſſen, ſondern zu früh kommen, ſo ſoll man den Schriftſteller zu gewinnen ſuchen, oder ihn zu verſchreyen.

XVI. Können es die Regenten dahin bringen, daß Klöſter, beſonders die mit Bettelmönchen beſetzt ſind, eingezogen, und ihre Güter zu unſern Entzwecken z. B. zu Unterhaltung tüchtiger Erzieher für das Landvolk ꝛc. verwendet werden, ſo werden den Obern dergleichen Vorſchläge willkommen ſeyn.

XVII. Nicht weniger, wenn ſie ſolide Plane zu einer Wittwen-Kaſſe für die Weiber unſerer Mitglieder entwerfen können.

XVIII. Eine unſerer vornehmſten Sorgen muß auch ſeyn, unter dem Volke ſclaviſche Fürſten-Verehrung nicht zu hoch ſteigen zu laſſen. Durch dieſe knechtiſche Schmeicheleyen werden dieſe mehrentheils ſehr mittelmäßige ſchwache Menſchen noch immer mehr verdorben:

man gebe also vorerst nur in seinem Umgange mit den Fürsten das Beyspiel, vermeide alle Familiarität mit ihnen, vertraue sich ihnen nie, gehe auf einem bequemen, doch höflichen Fuß mit ihnen um, mache, daß sie uns fürchten und ehren, rede und schreibe von ihnen, wie man von andern Männern spricht, damit sie wissen lernen, daß sie Menschen sind, wie wir andere, und daß sie nur conventionelle Herrn sind.

XIX. Wenn es darauf ankommt, einem von unsern verdienstvollen Leuten, der aber im Publico wenig bekannt, vielleicht gar unbekannt ist, empor zu helfen, so soll man alles in Bewegung setzen, ihm Ruf zu machen. Unsere unbekannten Mitglieder müssen angewiesen werden, aller Orten seinen Ruhm auszuposaunen, und den Neid und die Kabale gegen ihn schweigen zu machen.

XX. Oft sind die kleinern Landstädte bequemere Pflanz-Oerter für uns als die großen Residenzen und Handelsstädte, in welchen die Menschen mehrentheils zu verderbt, zerstreut und voll Leidenschaften sind, auch sich schon ganz gebildet glauben.

XXI. Eine sehr nützliche Sorge ist, zuweilen Visiteurs in den Gegenden herum reisen zu lassen, oder einem Regenten, der gerade doch reiset, den Auftrag zu geben, daß er die Versammlungen besuche, sich die Protocolle zeigen lasse, zu einzelnen Mitgliedern ins Haus gehe,

gehe, sich ihre Papiere, Diarium ꝛc. zur Durchsicht erbitte, ihre Klagen anhöre u. s. f. Da man denn Gelegenheit hat, manche in der Direction begangenen Fehler durch einen solchen Bevollmächtigten gut zu machen, welcher von den hohen Obern geschickt zu seyn vorgiebt, und dreist reformiren muß, was ihm aufgetragen ist, und was etwa der Präfect zu reformiren nicht den Muth hat, sondern sich lieber dieses Werkzeugs bedient.

XXII. Wenn die Form unserer Classen nicht allenthalben passend seyn sollte, so läßt sichs überlegen, wie man es anzufangen habe, unter einer andern Gestalt zu würken. Wenn nur die Zwecke erreicht werden, so ist es gleichgültig, unter welcher Hülle es geschieht, und eine Hülle ist immer nöthig. Denn in der Verborgenheit beruht ein großer Theil unserer Stärke.

XXIII. Deswegen soll man sich immer mit dem Nahmen einer andern Gesellschaft decken. Die ▢ der untern Freymaurerey sind indessen das schickliche Kleid für unsere höhere Zwecke, weil die Welt nun schon daran gewöhnt ist, von ihnen nichts großes zu erwarten, welches Aufmerksamkeit verdient. Auch ist der Nahme einer gelehrten Gesellschaft eine sehr schickliche Maske für unsere untern Classen, hinter welche man sich stecken könnte, wenn irgend etwas von unsern Zusammenkünften erfahren würde. Man sagt sodann: Man versammle sich heimlich,

lich, theils um der Sache mehr Reitz, mehr Interesse zu geben, theils um nicht jeden zulassen zu müssen, um manchen Hindernissen mißgünstiger und spöttischer Leute auszuweichen, oder um die Schwäche eines noch ganz neuen Instituts zu verbergen.

XXIV. Es ist sehr wichtig, die Einrichtungen anderer geheimen Gesellschaften zu erforschen, und sie zu regieren. Ja, wenn es, ohne sich große Verbindlichkeiten aufzuladen, geschehen kan, so lasse man sich mit Erlaubniß seiner Obern in solche aufnehmen. Auch hierzu ist Verborgenheit gut.

XXV. Höhere Grade müssen den untern allezeit verschwiegen bleiben. Man ist geneigter von Personen, die man nicht kennt, Befehle anzunehmen, als von Bekannten, an denen man nach und nach allerley Mängel wahrnimmt. Man kan auch die Untergebenen besser beobachten, und diese werden sich besser und vorsichtiger betragen, wenn sie immer von Aufsehern umringt zu seyn glauben, und so lange gut handeln, bis ihnen die Tugend zur Gewohnheit wird. Ueberhaupt ist alsdann der Reitz desto größer; die Welt liebt das Wunderbare, und es ist eine angenehme Ueberraschung bey einem neuen Grade neue Leute zu finden.

XXVI. Militair-Schulen, Academien, Buchdruckereyen, Buchläden, Dom-Capitel, und alles was Einfluß

fluß auf Bildung und Regierung hat, muß nie aus den Augen gelaßen werden, und die Regenten sollen unaufhörlich Plane entwerfen, wie man es anfangen könne, über dieselbe Gewalt zu bekommen.

XXVII. Ueberhaupt ist der Regenten Haupt-Augenmerk, außer den Arbeiten, welche mit ihrem im O. ihnen aufgetragenen Amte verbunden sind, die beständige Wachsamkeit auf alles was den O. vollkommner und mächtiger machen kan, damit er für jedes Zeitalter das Ideal der vollkommensten menschlichen Regierung werde.

Dieß sind die allgemeinen Verhaltungs-Regeln; was aber ein jeder Regent auf dem ihm von den E. Obern angewiesenen Platze zu beobachten hat, darüber wird ihm eine besondere Instruction ertheilt.

C.
Instruction der Präfecten oder Local-Obern.

Außer demjenigen, was der Präfect schon aus der Instruction des ganzen Regentengrades wissen muß, liegt seinem Amte noch folgendes ob:

I. Er ist der erste Regent in seiner Präfectur, und alle Berichte Q. L. rc. laufen durch seine Hand, indem er die Direction des ganzen untern Gebäudes hat.

II. Es ist ihm überlaßen, an acht Oertern seiner Präfectur, theils Minervalkirchen, theils Freymaurer anzulegen. Er bekommt deßfalls O's-Nahmen für die Oerter und für die aufzunehmenden Personen vom Provinzial zugetheilt, und darf er dergleichen nicht willkührlich austheilen. Von den Vorgeschriebenen aber theilt er jedem Minerval-Superior wiederum eine kleine Anzahl mit.

III. Es ist aus dem Schottischen Rittergrade bekannt, daß aus den Berichten der Mittel-Obern ein General Bericht über die Präfectur monathlich gemacht wird. Diesen schickt der Präfect wenigstens 14 Tage nach Ablauf des Monaths an den Provinzial ein. Alle Quartal aber, und zwar allemal den dritten Tag des Monaths muß er mit Hülfe der Ritter die General-Tabelle über das Personelle, über den moralischen, politischen und öconomischen Zustand seiner Präfectur einliefern.

IV. Er allein erbricht die Q. L. der schottischen Brüder und die Soli der Novizen und Minervalen. Aber die Soli der kleinen Illuminaten-Magistraten und schottischen Brüder, so dann die Q. L. der Ritter erbricht er nicht.

V. Die Reverse und Tabellen aller Mitglieder seiner Präfectur schickt er in originali an den Provinzial.

VI. Ueber Beförderung in den untern Graden bis zu großen Illuminaten (incl.) kan er entscheiden. Zum schottischen Ritter aber darf er niemand ohne Beystimmung des Provinzials machen.

VII. So

VII. So bald jemand schottischer Ritter wird, so liegt es ihm ob die Acten über seine Person an den Provinzial einzuschicken.

VIII. Er soll Anzeige thun, sobald sein Capitel über die bestimmte Zahl zwölfe anwachsen will.

IX. Er soll sorgen, daß wenn ein Mitglied stirbt, desselben Nahme einem Novizen gegeben werde, welcher so dann auch dasjenige erhält, was ersterer über die Geschichte des Mannes gesammelt hat, dessen Nahmen er trägt, um es vollständig zu machen.

X. Der Präfect hat das Recht, sich auf einen Tag im Jahr von allen seinen Untergebenen die in Händen habenden O's-Schriften überliefern zu lassen. Den sichern Leuten giebt er sie wieder, von den unordentlichen aber, oder die etwan gar ausgeschlossen werden sollen, behält er sie zurück.

XI. Da nun der Präfect für die ganze Grundlage des Gebäudes sorgen muß, so erfolgt hier ein kurzer Unterricht, wie er dabey sich zu verhalten habe.

1) Um den Plan des O's durchzusetzen hat er eine gehörige Anzahl Arbeiter nöthig, damit er gehörig würken könne. Vorbereitung ist also die erste Obliegenheit. Es ist aber nicht gleichgültig, welche Arbeiter man habe: sie müssen die nöthigen Einsichten und Gemüthsgaben besitzen. Dazu wird

2) Unterricht und Bildung erfordert. Diese gebildeten Menschen nun müssen auch Liebe zum Zweck gewinnen, so daß sie es für unmöglich halten, diesen ihnen so theuern und liebenswürdigen Zweck in irgend einer andern Gesellschaft zu finden, daß sie geneigt werden, all das ihrige beyzutragen, um den Zweck des O. zu erhalten. Daher entsteht denn

3. die Anhänglichkeit. Niemand wird in einer Gesellschaft das erhalten, was er sucht, wenn jeder thun kan, was er will, wenn er nicht ein Opfer seines Eigendünkels macht, und andern ältern und erfahrnen Männern mehr Einsicht zutraut. Wenn der Untergebene Achtung gegen die Befehle der Obern hat, wenn er ihnen folgt, und die erste Vermuthung bey ihm entsteht, daß nichts von den Obern geboten wird, was nicht zweckmäßig ist, so entsteht die in allen Verbindungen so nothwendige

4. Subordination und Gehorsam. Und endlich haben öffentliche Arbeiter unserer Art zu viel Gegner, als daß sie ruhig ihr Tagwerk vollenden könnten. Daher kommt

5. das verborgne und geheimnißvolle des O's. Ist nun in diesen fünf Stücken alles gehörig besorgt, so ist in jedem Lande unter der Sonne nichts unmöglich. Man kan den Präfecten die Sorge dafür nicht genug empfehlen, und erhalten dieselben desfalls hier über jeden Punct einigen Unterricht, um darnach die Obern in den Classen instruiren zu können.

I. Vot-

1. Vorbereitung.

a. So viel gute Leute als möglich zum O. geführt. In der Menge besteht ein Theil der Stärke, aber nicht die ganze.

b. Es soll aber keiner auch nur ins Novitiat eingelassen werden, der im allgemeinen übeln Ruf ständе, der Abscheu oder Haß des Landes wäre, möchte auch dieser Haß ungegründet seyn.

c. Bey der Aufnahme soll Bedacht genommen werden, daß man wißbegierige, fähige, folgsame, gesetzte, fleißige, thätige, gutgeartete, wissenschaftliche junge Leute erhalte, welche noch nicht viel wissen, Begierde haben mehr zu lernen, und mit der Zeit ihre Aufklärung dem O. zu verdanken haben.

d. Junge Leute sind also das vorzüglichste Augenmerk des O's, wenn schon eine zur Direction hinreichende Anzahl mannbarer Mitglieder in der Gegend vorhanden ist, und man soll allezeit bedenken, daß der O. seine vorzüglichste Stärke auf die Anwerbung junger Leute setzt.

e. Darum soll der Präfect in seinem Lande um die Schulen, Erziehung der Jugend und ihre Lehrer sich bewerben, und dieselbe mit O's Mitgliedern zu besetzen suchen. Denn auf diese Art bringt man der Jugend des O's Maximen bey, bildet ihre Herzen, bearbeitet die besten Köpfe, für uns zu würken, gewöhnt sie an Ordnung und

Die

Disciplin, erwirbt sich ihre Achtung, sieht einst die ersten Stellen im Staate mit unsern Zöglingen besetzt, und die Anhänglichkeit an den O. wird, wie alles was man sich in frühern Jahren einprägt, unauslöschlich.

f. Mit Erwachsenen muß Vorsicht gebraucht werden, sie schlagen nur mehrentheils halb ein, haben schon eine falsche Richtung, wollen ihren eigenen Ideen folgen, müssen genau geprüft, und nach den Umständen schneller befördert werden.

g. Bey Anlegung einer Colonie beobachte man folgendes.

    a. Man schicke einen gewagten Mann, der ganz vom O. abhängt hin, und lasse ihn da eine Zeitlang bleiben.

    b. Man bevölkere nicht eher die entlegenen Oerter, als bis die Mittel Oerter besetzt sind.

    c. Man wähle Personen, die an mehrern Orten domiciliirt sind z. B. Domherrn, Kaufleute.

    d. Da jedem Ordens Mitgliede in jedem billigen Verlangen geholfen werden muß, man aber ohne höchstwichtige Ursachen nicht gestattet, daß eine Provinz der andern ihre Leute mit allerley Forderungen auf den Hals schicke, sondern jede Provinz ihre eignen Leute befriedigen muß, sollen die Präfecte, um nicht die Schwäche des O's in ihren Gegenden aufdecken zu müssen, sondern alle Hül-

Hülfe, welche einem Minervalen versprochen wird, leisten zu können, anfangs nicht leicht Arme und Unversorgte, welche dem O. früh zur Last fallen könnten, anwerben,

e. nicht leicht weiter rücken, bevor nicht die Sache im Hauptorte gehörig im Gange ist.

f. Man muß wohl überlegen, wem man den Auftrag, den O. zu verbreiten, sicher geben kan.

g. Sodann, ob's gerathener ist, eine ☐ oder eine Minervalkirche anzulegen;

h. wen man an die Spitze setzt, wie des Mannes Fähigkeiten, Gemüth, Eifer, Anhänglichkeit, Ansehen, Kredit, Gabe andre zu bilden, Pünctlichkeit, Ernsthaftigkeit und Klugheit;

i. wie der Ort ist, entlegen oder nahe, gefährlich oder sicher, groß oder klein;

k. auf die Mittel, welche anzuwenden sind,

l. auf die Zeit, in welcher es zu Stande kommen kan,

m. auf die Leute, mit denen es anfängt. Taugen die ersten nichts, so wird nie etwas guts aus den übrigen werden.

n. auf die Sub= und Coordination.

o. auf die äußere Schaale, die man dem Dinge giebt.

h. Bey Anwerbung von Erwachsenen soll man vorzüglich solche suchen lassen, bey denen entweder die zu unsern Zwecken erforderlichen Ideen schon vorhanden,

oder

oder doch leicht zu erwecken sind; Leute, die sich gerne bessern Einsichten fügen, die nach Vernunft und Ueberlegung, nicht nach Vorurtheilen handeln, aber doch noch gelehrig sind, die große Absichten und Entwürfe empfinden und denken können, die den Trieb fühlen, Wohlthäter des Menschengeschlechts zu seyn, und bey denen sich derselbe leicht lebhaft und dauerhaft erwecken läßt, die jede Gelegenheit, nützlich zu werden, begierig ergreifen, die an der Welt und den bürgerlichen Einrichtungen vieles mit Vernunft tadeln und anders wünschen; allzu Reichen und Vornehmen, die keine andere Erziehung haben, als gewöhnlich solchen Leuten gegeben wird, soll man nicht leicht trauen. Sie kennen die Bedürfnisse des menschlichen Lebens nicht, wissen also selten, wie nöthig ein Mensch dem andern ist, und sind daher selten sichere Freunde. Aber Leute, die die Gewalt des Schicksals, nicht durch grobe Misgunst und Unglück, empfunden haben, diese sind vorzüglich die Männer, denen der O. seinen Schoos als einen Zufluchtsort anbietet.

1. Hat der O. einmal an einem Orte die gehörige Stärke erlangt, sind die obersten Stellen durch ihn besetzt, kan er in einem Orte, wenn er will, denen die nicht folgen fürchterlich werden, sie empfinden lassen, wie gefährlich es ist, den O. zu beleidigen und zu entheiligen, kan er seine Leute versorgen, hat er in einem

Lan-

Lande von der Regierung nichts mehr zu befürchten, sondern würkt vielmehr unsichtbarer Weise auf dieselbe; so wird man leicht einsehen, der Leute mehr zu erhalten, als man nöthig hat. Aber auch dann bleibt es allemal sicherer die Verbreitung durch die Schulen zu erhalten. Niemals kan der O. diese Art der Verbreitung genug empfehlen.

k. Eben so wichtig als die Schulen sind dem O. die Seminarien der Geistlichkeit, deren Vorsteher man zu gewinnen suchen sollte; denn dadurch wird der Hauptstand des Landes gewonnen, die mächtigsten Widersprecher jeder guten Entwürfe sind in unser Interesse gezogen, und was über alles geht, das Volk und der gemeine Mann ist in den Händen des O's.

l. Geistliche bedürfen aber einer zwiefachen Vorsicht, sie halten selten die Mittelstraße, sondern sind entweder zu frey oder zu schüchtern, und die zu freyen haben selten gute Sitten. Ordensgeistliche dürfen nie aufgenommen werden, und die Exjesuiten soll man wie die Pest fliehen.

m. Kan der Präfect die fürstlichen Dicasterien und Räthe nach und nach mit eifrigen O's Mitgliedern besetzen, so hat er alles gethan, was er thun konnte. Es ist mehr, als wenn er den Fürsten selbst aufgenommen hätte.

n. Ueber-

n. Ueberhaupt sollen Fürsten selten zum O. zugelassen werden, und wenn sie etwa darinnen wären, nicht leicht über den Schottischen Rittergrad hinaus befördert werden: denn wenn man diesen Leuten ungebundene Hände giebt, so folgen sie nicht nur nicht, sondern benutzen auch die besten Absichten zu ihrem Vortheil.

o. Man mag aber alles an sich ziehen, was sich bilden läßt, was uns Nutzen und Stärke verschafft, dem O. keine Schande bringt, und ihn nicht in Gefahr setzt.

p. Alle Menschen, die nicht für sich allein, sondern für die Welt, für das Menschengeschlecht leben, die sich über alles Kleine hinwegsetzen, sind gebohrne Mitglieder des O's. Nun zum zweyten Punct.

2. Unterricht, Bildung.

Was nützt dem O. eine Menge Menschen, die sich auf keine Art ähnlich sehen? Alle diese Männer müssen von ihren Schlacken gereinigt werden, und zu edeln, großen, würdigen Menschen umgeschaffen werden. Dies ist nun die härteste schwerste Arbeit. Dem O. ist nicht so sehr an der Menge, als an der Güte der Arbeiter gelegen. Also

a. soll bey dem ersten Eintritt in den O. jedes Menschen Seele erweitert, und gegen große Entwürfe fühlbar gemacht werden. Er soll gleich Anfangs hohe wür-

würdige Begriffe erhalten. Es sollen ihm die Sachen wichtig, erstaunend geschildert werden, ohne sich jedoch in das Besondere einzulassen. Es versteht sich, daß die Aufführung des Aufnehmers den Candidaten nicht das Gegentheil erwarten lasse.

b. Der Candidat wird den bekannten Vorschriften gemäß geleitet, aber nicht auf einmal, sondern nach und nach, damit durch die Ueberlegungs-Fristen das Bild sich tiefer einpräge. Er muß bitten, nicht sich bitten lassen.

c. Die Begriffe von Größe werden ihm beygebracht durch Vorstellung der Uneigennützigkeit des Zwecks, wovon schon die allgemeinen Statuten zeugen, durch Bemerkung der Mühe, die man sich um seine Bildung giebt, durch die Schwierigkeit, welche es kostet, zu uns zu gelangen, durch Beschreibung der Vortheile, die auch das geringste unserer Mitglieder vor allen Profanen hat; durch den Reitz der verborgnen Macht, durch Vorbild der Stärke, die der Aufgenommene dadurch erhält; durch Versprechung größerer Einsichten; durch Hofnung mit der Zeit hierdurch Bekanntschaft mit den edelsten Männern zu bekommen; durch Erwähnung des Schutzes, den der O. seinen folgsamen Schülern gegen die Bösen gewähren kan; durch Darbietung der Gelegenheit nützlich zu werden, die er nirgends so gut als da findet; durch die Ordnung und Pünctlichkeit, welche er wahrnimmt; durch die Achtung,

Ehr-

Ehrerbietung, Heiligkeit, mit welcher der Aufnehmer von dem O. redet; durch das Ansehen und die Beredsamkeit des Aufnehmers selbst; in allen diesen Puncten soll also der Präfect die Untergebenen unterrichten und üben lassen.

d. Es ist aber nicht genug, dieß Feuer anzufachen; es muß auch erhalten (werden) und zwar durch das Lesen solcher Bücher, welche die Begierde entstehen machen sich zu bessern, sich zu unterscheiden, groß zu werden, in welchen die Tugend liebenswürdig und interessant, das Laster abscheulich und sich selbst zur Strafe dargestellt wird. Die fleißigen Berichte der Superioren müssen ausweisen, wie viel Nutzen die Leute aus dieser Lectüre gezogen. Wo es angeht, läßt man die Minervalen durch O's-Mitglieder, welche Beredsamkeit und Kenntnisse haben, Vorlesungen über Gegenstände der practischen Philosophie, über Vergnügen und Misvergnügen, über das Gute und Böse u. s. f. halten. Noch besser sind thätige Uebungen, Gelegenheiten das Gute auszuüben. Vor der Beförderung in höhere Grade müssen die jungen Leute erst geprüft werden, ob sie die vorgeschriebnen Bücher gelesen haben, und eher wird niemand befördert, als bis er so ist, wie wir ihn haben wollen.

e. In keinem Stücke soll der Präfect so sorgsam seyn, als sich von Monath zu Monath die genaueste Tabellen über den Fleiß, die Aufführung und Fortschritte der Novizen

zen und Minervalen einschicken zu lassen. Keine Classe braucht so viel Aufsicht als die erste.

f. Deswegen soll auch strenge darauf gehalten werden, daß die Untergebenen monathlich Aufgaben ausarbeiten; aber keine theoretische, speculativische, sondern nur solche, welche wahrhaftig Einfluß auf den Willen, auf die Besserung des Characters, und auf das gesellschaftliche Band haben, damit die Leute beschäftigt seyen, ihre Fähigkeiten entwickeln, an Ordnung und Fleiß gewöhnt werden, und sich in verschiedene Lagen zu denken lernen; und nur nach der Menge und Güte dieser Aufsätze folgt frühere oder spätere Beförderung; kein Rang, Stand, Vermögen oder andrer äußerer Vorzug kommt hier in Betracht, sondern lediglich Geschicklichkeit, Biegsamkeit, Adel des Herzens und des Geistes.

g. Das Herz sey das Haupt-Augenmerk; lieber hundert schwache Köpfe, als einen boshaften. Also darf kein Neid, Stolz noch Trotz gelitten werden. Man muß allgemeines Wohlwollen erwecken, das Corps der Mitglieder zu guten Handlungen auffordern, und dergleichen gethane öffentlich loben, belohnen, unterscheiden.

h. Deswegen soll der Präfect Anecdoten von edeln und niederträchtigen Handlungen sammeln, und den Minerval-Magistraten bekannt machen. In der Versammlung werden denn diese ehrenvolle oder schändliche Thaten,

ten, der niedrigsten wie der vornehmsten Menschen, öffentlich nebst ihrem Nahmen hergelesen und präconisirt. Hier muß man erfahren, daß bey uns jedem auch von der ganzen Welt verkannten Verdienste Gerechtigkeit widerfährt, und daß der Bösewicht auf dem Throne bey uns so gut, oft mehr ein Schurke heißt, als der, welchen man zum Galgen führt, der große Mann hingegen eine sichere Canonisation findet.

i. Widerspenstige sich klug dünkende Leute soll man mit guter Art vom O. zu entfernen suchen.

k. Man soll die Zöglinge gewöhnen, sich jede moralische Wahrheit sinnlich unter Bildern vorzustellen. Daher begünstigen wir gute Dichter, Fabeln und Romanen; und wer andere unterrichten will soll sich vorzüglich mit Bildern und Beyspielen bekannt machen, um seinem Unterrichte die gehörige Lebhaftigkeit zu geben.

l. Vorzüglich aber soll man jede Lehre mit dem Interesse des Lernenden zu verbinden wissen.

m. Es soll den untern Classen immer eine gehörige Anzahl wohlgewählter, den Beschäftigungen jedes Grades angemeßner Bücher zum Lesen vorgeschrieben werden.

n. Er muß machen, daß über O's und andere wichtige Gegenstände alle Mitglieder nur eine Sprache führen. Er läßt zu dem Ende alle Untergebenen durch die Mittel-Obern unvermerkt unterrichten; dieß erhält er dadurch,

daß

daß die Leute gewöhnt werden, in allen Dingen die Augen auf den Obern zu richten, alle seine Handlungen und Reden, auch wenn sie die Ursach nicht einsehen, für zweckmäßig zu halten, sich zu bemühen diese Ursachen zu ergründen, und bey jedem Zweifel zu sehen oder zu fragen, was er befiehlt. Beobachtet der Präfect das alles, so wirds ihm nicht fehlen.

3. Anhänglichkeit

zu bewürken, welche erlangt wird:

a. Wenn die Leute von der Güte der Sache, von der Reinigkeit der Absichten, von der Wichtigkeit des Zwecks, von der Integrität der Mitglieder, von der Würde und Sicherheit der Anstalten, von dem Nutzen des erhaltenen Unterrichts, und des Schutzes gegen Bedrückung überzeugt sind.

b. Wenn sie in der Ferne einige Größe hoffen dürfen,

c. Wenn sie indessen die zunehmende Güte ihres moralischen Characters fühlen,

d. Wenn sie empfinden, daß ihr eigenes Interesse mit dem des O's unzertrennlich verbunden ist, daß man nur im O. glücklich seyn kan, außer demselben keines sichern Glücks gewiß seyn kan,

e. Wenn sie größere Einsichten erwarten;

f. Wenn

f. Wenn Gewohnheit, den O. als die einzige Quelle ihres Glücks anzusehen, sie fesselt. Welcher Mensch sollte nicht an einer Sache hängen, durch welche er Unterricht, Bildung, Schutz gegen Unglück, Seelenruhe, Verbesserung seines Characters erhalten hat, wo er in der Ferne große Einsichten und noch fernere Wohlthaten bemerkt, bey welchem der Entschluß zur Nothwendigkeit geworden ist, nicht für sich, sondern für die Menschen zu leben, und der diese ihm so habituelle Denkungsart nur hier allein, sonst nirgends befriedigen kan.

g. Wenn bey jedem Mitgliede eine Fertigkeit zum Guten zu würken und edel zu handeln entsteht; denn eher ist man seines Mannes nicht versichert, als bis der Gedanke der Welt zu nützen sein größtes Bedürfniß wird.

h. Man soll also Lagen erdenken, wodurch die Mitglieder oft und beständig an den O. denken, wodurch solcher beynahe ihre einzige hellste ausgezeichneteste Idee wird. Alles muß ihn daran erinnern. Man muß den O. zu eines jeden Steckenpferde machen. Hier bedenke nur der Präfect, welcher Mittel sich die Römische Kirche bedient, ihre Religion sinnlich zu machen, und jeden Menschen beständig vor die Sinnen zu halten.

i. Die Obern sollen auch ihre Leute nicht zu sehr anstrengen, noch durch ewiges Moralisiren eckelhaft machen, sonst würden sie mehr verderben, als gut machen.

k. Ueber

k. Ueber alle diese Dinge ist hier nur wenig gesagt. Der Präfect soll nebst den übrigen Regenten alle Aufmerksamkeit zu fernerer Untersuchung derselben anwenden. Nichts muß ihm so angelegen seyn, als die Bildung und Anhänglichkeit seiner Untergebenen. Er soll daher bedacht seyn, sich verschiedne Entwürfe und Vorschläge zu Bewürkung dieser Stücke vorlegen zu lassen. Zu keiner Zeit kan über diese Grundlage unsers O's genug geschrieben und gesagt werden. Durch auszutheilende Aufgaben hat jeder Präfect Gelegenheit, diese Materie vollständig zu untersuchen, und unvermerkt die Einsichten seiner Untergebenen zu nützen. Ueberhaupt passen nicht alle Regeln aller Orten, deswegen sollen sich der Präfect und die übrige höhere Obern den Kunstgriff merken, über Dinge worin sie nicht hinlänglich unterrichtet sind, oder welche noch einer weitern Bearbeitung bedürfen, Preisfragen aufzuwerfen, und die besten belohnen. Auf solche Art muß in jeder Provinz das Gebäude nach den Local=Umständen erst nach und nach seine Consistenz erhalten; und die Kleinern selbst den Bau vollführen, den sie schon errichtet glauben. Der Schwache wird der Lehrer des Stärkern, ohne daß dieser sich zu schämen braucht, von jenem zu lernen.

l. Die Leute müssen ermuntert werden, sich wechselsweise zu helfen, groſsmüthig, gefällig, freygebig gegen einander, und also gegen den O. zu seyn.

4. Folgsamkeit.

Wenn die Leute gebildet sind, einen großen Entwurf, ein großes System gehörig zu empfinden, so ist kein Zweifel, daß sie die Befehle der Obern gerne vollziehen werden. Wer sollte dem nicht gerne folgen, der bisher gut und sicher geführt hat, der mir die gegenwärtige Seligkeit verschafft, von dem ich noch mehr zu hoffen habe? Hinweg mit dem Menschen, dem es unter solchen Vortheilen an Folgsamkeit fehlt! Hinaus mit ihm aus der Gesellschaft der Edeln! Man kan vermuthen, daß jeder moralisch gute, von der Würde des Zwecks durchdrungne Mensch gern und willig seyn wird. Aber dennoch will der O. auch hier einige Wege anzeigen, durch welche die Folgsamkeit erhalten werden kann.

a. durch gutes Beyspiel,

b. durch die Wohlthat des Unterrichts,

c. Durch die Belehrung, daß im Grunde jeder sich selbst folge.

d. Durch Beförderung und Hofnung dazu,

e. durch Erwartung größerer Kenntnisse,

f. wo es nöthig ist, durch Furcht.

g. durch Belohnung, Unterschied, Ehre,

h. durch allgemeine Verachtung dessen der nicht folgt,

i. durch Vermeidung eigentlicher Familiarität mit den Untergebenen,

k. durch exemplarische Bestrafung des Ungehorsams,

l. durch

l. durch gute Auswahl solcher Leute, auf welche man sich sicher verlassen kan, und die zu jedem Befehl bereit sind.

m. durch die Q. L. aus denen man sieht, ob die Befehle befolgt worden sind; deswegen müssen dieselben genau und vollständig eingerichtet seyn.

n. durch ordnungsmäßige Einschickung der Tabellen von den Mittel-Obern über die Untergebenen. Je detaillirter diese sind, desto besser: denn darauf beruht der ganze Operations-Plan des O's. Man sieht daraus die Anzahl der Glieder, ihre Bildung, die Fuge und den Zusammenhang der Maschine, die Stärke und Schwäche des Ganzen, und das Verhältniß der Theile gegen einander, die Personen, welche eine Beförderung im O. verdienen, und den Werth der Versammlungen und ihrer Vorsteher.

5. Verborgenheit.

Diese ist das nothwendigste Stück. Daher soll

a. Auch in einem Lande wo der O. so viel Macht hätte, öffentlich aufzutreten, dieß doch nie geschehen.

b. sondern der Präfect muß allem seinem Vorhaben auf eine geschickte Art nach den Local-Umständen einen Anstrich zu geben, und dem O. mit Bewilligung des Provinzials ein anderes Kleid umzuhängen wissen. Wie bey den geistlichen O. der Römischen Kirche leider! die Religion nur ein Vorwand war, so muß sich auch auf eine

eine edlere Art unser O. hinter irgend eine gelehrte Handlungsgesellschaft oder dergl. zu verstecken, suchen. Die Leute müssen dieß Gepräge tragen.

c. Einer also verborgenen Gesellschaft kann man nicht entgegen arbeiten.

d. Im Fall einer Verfolgung oder eines Verraths können die Obern nicht entdeckt werden.

e. f. Dem Ehrgeitze und den Factionen wird durch Verborgenheit vorgebaut.

g. Man ist gegen Spionen und Emissarien anderer Gesellschaften in undurchdringliche Nacht gehüllt.

h. Der Präfect soll darauf halten, daß nicht leicht mehr als zehen Mitglieder in einer Minerval Versammlung zusammen gehen. Im Fall aber an einem Orte mehr Mitglieder sind, soll er sie in zwey Versammlungen theilen, oder wechselsweise frequentiren lassen.

i. Wenn an einem Orte zwo Minervalkirchen sind, soll eine der andern so viel möglich verborgen bleiben.

k. Der Präfect soll nicht leiden, daß ein Mitglied dem andern diejenigen Brüder offenbare, die es in andern Ländern kennen gelernt hat.

l. Außer dem Nothfall soll kein Fremder bey den Minerval-Versammlungen zum Besuche zugelassen werden.

So viel über die Art der Direction des untern Gebäudes, und was dabey zu beobachten ist. Noch ist zu bemerken.

XII.

XII. Der Präfect ernennt die Magistraten der Minervalkirchen entweder aus freyen Stücken, oder auf Vorschlag der Superioren; diese aber werden nur von ihm dem Provinzial vorgeschlagen und bestätigt oder verworfen. Er muß für jeden Obern, den er setzt, einstehen.

XIII. Der Präfect soll wohl Acht geben, daß in den Versammlungen und ⬜ welche ihm unterworfen sind, alles still, gesetzmäßig und anständig hergehe, daß auch darinn nichts gegen Religion, Staat und gute Sitten geredet werde, welches sonst scharf geahndet werden muß; so wie er überhaupt nie genug auf pünctliche wörtliche Befolgung aller Vorschriften dringen kan.

XIV. Wo es angehen kann, soll der Provinzial suchen an dem gelegensten Orte seiner Provinz eine Bibliothek, ein Naturalien-Cabinet; Museum, eine Manuscripten-Sammlung und dergleichen anzulegen.

XV. Der Präfect soll langsam und vorsichtig zu Werke gehen, nur so viel thun, als er jedesmal sicher thun kan, besonders behutsam soll er in der Beförderung seyn. Keiner muß eher weiter kommen, als bis er die zum folgenden Grade gehörige Ideen und Eigenschaften schon hat. Hierbey kann keine Aengstlichkeit übertrieben seyn.

XVI. In den Freymaurer ⬜ kan man, wie bekannt, auch Leute aufnehmen, die nicht zu unserer Verbindung gehören. Der Präfect soll aber Sorge tragen, daß diese nicht den Ton verstimmen, daß es redliche geſetzte Leute ſeyen, und daß ſie dem O. von irgend einer Seite nützen.

XVII. Der Präfect ſoll ohne Erlaubniß des Provinzials ſich in keine O. Correſpondenz auſſer ſeiner Präfectur einlaſſen.

XVIII. So wie er die Superioren und Meiſter von den Stühlen über alle dieſe Puncte gehörig inſtruiren muß, ſo ſoll er auch über alle wichtige Zweifel beym Provinzial anfragen.

XIX. Macht er ſich aber dieſe Satzungen gehörig bekannt, befolgt er ſie genau, hat er ſtets das Ganze vor Augen, ſorgt er, daß jeder nicht mehr und weniger thue, als ſeinen Platz zu erfüllen, ſo wird er alles, was er nöthig findet, oder ihm aufgetragen wird, ausrichten können.

D.
Inſtruction für die Provinzialen.

I. Der Provinzial ſoll ſich mit der ganzen Verfaſſung des O. ſo bekannt machen, daß er das Syſtem im Kopf habe, als ob er es erfunden hätte.

II. Das Directions-Syſtem, der Unterricht für die Regenten, und die Inſtruction der Local=Obern müſſen ihm die Grundlagen ſeiner Handlungen ſeyn, deren keine unnütz geſchehen darf.

III. Er wird von allen übrigen Regenten der Provinz gewählt, und dann von dem National=Obern beſtätigt, ein anderer *), geſetzt, auch kann er von den höhern Obern ſeines Amts entſetzt werden.

IV.

*) Hier ſcheint etwas zu fehlen.

IV. Er soll ein gebohrner Sohn der Provinz, oder doch des Landes kundig seyn.

V. Ein Mann, so viel möglich, frey von öffentlichen Geschäften und Verbindlichkeiten, um ganz dem O. anzuhangen.

VI. Er muß den Anschein haben, als wenn er Ruhe suchte, und sich den Geschäften entzogen hätte.

VII. Er muß sich, wenn's seyn kan, an demjenigen Orte der Provinz aufhalten, an welchem er, als dem Mittelpunkte, dieselbe am leichtesten dirigiren kann.

VIII. Sobald er Provinzial wird, legt er seinen bisherigen O's Nahmen ab, welchen ein Anderer nebst den von ihm gesammelten Nachrichten über die Person des Mannes bekommt. Er aber erhält einen andern Nahmen; den die höhern Obern bestimmen. Auch führt er ein Petschaft über seine Provinz, wovon ihm die Zeichnung überschickt wird, und welche die Provinzialen gewöhnlich in einem Ring tragen.

IX. Die bisher im Provinzial-Archiv befindlichen Acten werden an ihm abgeliefert, als wofür die übrigen Regenten, und daß vorher alles versiegelt werde, bis der neue Provinzial ernennt ist, sorgen müssen.

X. Der Provinzial steht unmittelbar unter einem National-Inspector, an denselben muß er monathlich einmal einen Hauptbericht über seine Provinz erstatten, und zwar weil ihm die Local-Obern erst 14 Tage nach Ablauf des Monaths berichten, so bekommt der Inspector

tor allezeit den Bericht vom May erst gegen Ende des Junius u. s. f. Ein solcher Bericht aber muß in 4 Haupttheile getheilt, nemlich von jeder seiner untergeordneten Präfecturen insbesondre, und wird darinn angemerkt, was in jedem Pflanzorte merkwürdiges und in jedem Fach vorgefallen war, aufgenommen und befördert worden, nemlich wie er heißt, wenn und wo er gebohren, wessen Standes er ist, und welchen Tag er den Revers unterschrieben hat. Weiter brauchen die höhern Obern nicht eher etwas von den Mitgliedern zu wissen, als bis sie in die Regenten-Classe befördert werden sollen. [Es müsten denn besonders merkwürdige Umstände obwa'ten.] Verlangt der Provinzial ein Schema zu seinen Berichten, so kann ihm solches ertheilt werden.

XI. Ausser diesen monathlichen Berichten muß der Provinzial, wie sich versteht, über alle wichtige seiner Entscheidung nicht überlassene Puncte bey dem National-Inspector anfragen und vierteljährig Tabellen über sein Personale einschicken, besonders soll er nichts für sich in politicis unternehmen.

XII. Um seine Mitprovinziale soll er sich gar nicht bekümmern, nicht darnach fragen, ob es einem benachbarten Kreise gut oder schlecht geht, und wenn er etwas zu suchen hat, sich bey dem National-Inspector melden.

XIII. Wenn er Klage über den Inspector hat, kan er sich an den Primus wenden.

XIV.

Regentengrad.

XIV. Alle Regenten einer Provinz sind die Consultoren des Provinzials, sie müssen ihm zu jedem Plan behülflich seyn. Wenn es möglich ist, muß er ein Paar derselben als Secretairs um sich haben.

XV. Er bestättigt alle Obern der untern Classen und der Freymaurer ⌧, die Präfecte schlägt er vor, und erwartet die Bestätigung oder Verwerfung des Inspectors.

XVI. Er hat das Recht, die Leute, die von O's Pensionen leben und gänzlich dienstlos sind, in den Orten seiner Provinz zu verpflegen, wo er sie nöthig glaubt.

XVII. Er theilt den Präfecten die von den höhern Obern erhaltenen Ordens-Nahmen zu weiterer Besorgung aus.

XVIII. Er giebt den ⌧ gleichfalls Nahmen, welche ihm die Obern in Vorrath gegeben haben.

XIX. Er schreibt die Exclusionen in der Provinz aus, und sorgt daß ein Verzeichniß derselben genau aller Orten, wo Versammlungen sind, gehalten werde.

XX. Wenn einem Mitglied, das man nicht hart angreifen darf, Verweiß zu geben ist, so soll er dieß mit unbekannter Hand unter dem Nahmen: Basilius thun. Dieser Nahme, welchen niemand führt, ist ausdrücklich im O. zu diesem Endzweck bestimmt.

XXI. Er schreibt von Zeit zu Zeit den untern Classen auf Vorschlag des Presbyteriums Bücher zum Lesen nach dem Bedürfniß jedes Grades vor.

XXII.

XXII. Er erbricht die Soli der kleinen Illuminaten, Magistraten und Schottischen Bbr; auch die Q. L. der Ritter und Presbyter, wie auch die Primo der Novitzen. Aber die Primo der Minervalen, die Soli der Ritter und Persbyter, und die Q. L. der Regenten erbricht er nicht.

XXIII. Bis zum Regentengrad darf er ohne Bewilligung des National-Inspectors nicht ertheilen.

XXIV. Er soll dem Decanus der Priester monathlich anzeigen lassen, zu welchen Fächern die indessen aufgenommnen Minervalen sich haben einschreiben lassen.

XXV. Er soll seine Archive in Ordnung erhalten, folglich Tabellen, Reverse und die Acten der Ritter ꝛc. von jeder Person einzeln heften lassen.

XXVI. Ueberhaupt soll er für geschickte Mitarbeiter in scientificis sorgen.

XXVII. Die beste an ihn geschickte Abhandlungen, und alles was die Presbyter angeht, z. B. die Lebensläufe, Charactere ꝛc. soll er richtig an den Decanus besorgen.

XXVIII. Er soll sich den feinen Kunstgriff merken, durch Beförderung in der Priester-Classe, einem zur politischen Direction unfähigen, übrigens aber geschickten Mann von dieser Seite in Unthätigkeit zu setzen.

XXIX Er soll sorgen, daß wenn mehr als 12 in einem Capitel sind, der tüchtigste in die Priester-Classe komme und daß

XXX.

XXX. in jedem Capitel ein Priester sey, und zwar ein solcher, dem er dieß am liebsten anvertrauen will, indem derselbe sein heimlicher Censor in diesem Capitel ist.

XXXI. Er soll nicht versäumen, auf den Conventen die wichtigsten Angelegenheiten der Provinz mit den klügsten Regenten zu überlegen. Auch der weiseste Mann bedarf Rath und Hülfe.

XXXII. So wie der Provinzial vom National Obern ein Patent erhält, so ertheilt derselbe den Capiteln, welche die vom National=Inspector vorgeschriebenen Nahmen bekommen, Constitutionen nach folgender Formel:

Wir von der großen National=Loge im Orient (von Teutschland) constituirte Provinzial Großmeister und Kreiß=Beamter des —— Kreises thun kund und bekennen, kraft dieses Briefs, daß wir dem hochwürdigen Bruder (O's Nahme,) Herrn —— (weltlicher Nahme,) volle Macht und Gewalt ertheilen, ein geheimes Capitel der heiligen Schottischen Freymaurerey anzulegen, und von daher nach Maaßgabe seiner Instruction die königliche Kunst durch Anlegung von Freymaurer ⌐ der drey symbolischen Grade auszubreiten. So geschehen im Directorio des — Kreises. — —

(L. S.)
    Geheime Provinzial=Direction
     (keine Unterschrift.)

XXXIII. Um alles kurz zu fassen, so soll der Provinzial seine Provinz auf einen solchen Fuß setzen, daß er darinn

darinn alles Gute unternehmen, alles Böse hindern könne. Glücklich das Land, in welchem der O. diese Macht erlangt hat! Aber dieß wird ihm nicht schwer werden, wenn er den Anweisungen der Obern genau folgt. Er wird mit so viel geschickten, moralisch gebildeten, folgsamen, im Verborgenen arbeitenden Männern alles ausrichten, alles edle möglich, alles schlechte unwürksam machen. — Also keine Nachsicht gegen Fehler, kein Nepotismus, keine Feindschaft. — Nur die Rücksicht auf das allgemeine Wohl, und der Zweck des O's soll seiner Handlungen Triebfeder seyn. Und dafür lasse man uns sorgen, daß wir nur solche Männer zu Provinzialen ernennen werden, die dazu fähig sind, daß wir aber auch Mittel in Händen haben, den zu züchtigen, der die ihm von uns verliehene Macht misbrauchen wollte.

XXXIV. Diese Macht soll nur zum Besten der Bbr. verwendet werden; allen muß geholfen werden, denen man helfen kan; Ein O's Mitglied soll man in jedem gleichen Fall allen andern vorziehen, für sie besonders, für den geprüftesten, Geld, Bedienungen, Ehre, Gut und Blut verwendet werden, und Beleidigungen des Kleinsten zur Ordenssache gemacht werden.

Kritische Geschichte

der

Illuminaten-Grade.

Kritische Geschichte
der Illuminaten=Grade.

Der Orden der Illuminaten ist den 1. May 1776 von dem Spartacus (Hrn Weishaupt, damaligen Professor auf der Bayerischen Universität Ingolstadt, nachmaligen Herzogl. Sachsen-Gothaischen Hofrath) gestiftet worden; und es hat sich dieser in vielen unter seinem weltlichen Nahmen herausgegebnen Schriften auch selbst als Stifter bekannt. S. Einige Originalschriften des Illuminaten Ordens — auf Befehl Seiner Churfürstlichen Durchlaucht zum Druck befördert, 8. München 1787.

Der Orden war in seinem ersten Ursprung und über zwey Jahre lang eine eigne geheime Gesellschaft, welche mit der Freymaurerey gar nichts zu thun hatte. Erst im Jahr 1777 wurde Spartacus Freymaurer 1) zu Ende des Jahrs 1778 fiel man auf den Gedanken, den Illuminatenorden mit der Freymaurerey in Verbindung zu bringen. Cato (Herr von Zwackh damals Pfalz-Bayerischer Regierungs-

---

1) Weishaupts Nachtrag zu seiner Rechtfertigung. S. 43.

und nachher Fürstl. Salmischer Geheimer Rath) welcher erst den 27. November 1778 Freymaurer geworden war, meldet in seinem Diario: daß er mit dem Abbate Marotti in Betref der Maurerey eine Unterredung gehabt, worinn ihm dieser das ganze Geheimniß, welches sich auf die alte Religion und Kirchengeschichte gründe, erklärt, auch ihm alle hohe Grade biß auf jene der Schotten mitgetheilt habe 2). Er schrieb dieses den 30 November an den Spartacus, und that ihm, wie aus dessen Antwort zu ersehen ist, den Vorschlag, den Orden mit der Freymaurerey in einen gewissen Zusammenhang zu setzen. Spartacus antwortete ihm den 2. December: Er wolle seinen Vorschlag überdenken: Er selbst habe die Einsicht in dieses Gebäude der Freymaurerey in seinen Plan aufgenommen, aber erst für spätere Grade bestimmt 3). Den 6. December schrieb Spartacus abermahls an Cato: Er wolle ihm seine Meynung über seinen Vorschlag und seine Zweifel zuschicken. Doch sey er bereits mit ihm einig, daß alle Areopagiten (so nennten sich die Vornehmsten in dem Illuminaten-Orden) von ihm die drey ersten Grade der Maurerey erhalten sollten 4). Auch wollte er, daß in Athen (München) und Erzerum (Eichstädt) Freymaurer-Logen angelegt werden sollten. Cato antwortete den 7. December:

daß

---

2) Originalschr. S. 297.
3) l. c. S. 285.
4) l. c. S. 286.

daß er darüber mit andern communiciren, es auch dahin bringen wollte, daß für die Loge in Erzerum eine Constitution von Berlin erhalten würde, worauf man die von Athen von derselben separirt halten, und die Athener Loge als die Mutterloge angeben könnte 5).

Die Absicht von diesem allen war, wie Cato solche in gedachtem Diario aus einem nicht mehr vorhandnen Brief des Spartacus an den Celsus angegeben hat 6): daß die Illuminaten eine eigne Maurer-Loge halten, daß sie diese als ihre **Pflanzschule** betrachten, Einigen von diesen Maurern das, was die Illuminaten mehreres, als die Maurer hätten, nicht einmal offenbaren, sich bey jeder Gelegenheit mit der Maurerey decken, noch eins und das andre den Maurer-Statuten beyfügen, diejenigen aber, welche nicht zum Arbeiten (in dem Illuminaten-Orden) taugten, in der Maurer-Loge, wo sie allenfalls avanciren, aber nichts von dem weitern System erfahren sollten, lassen, und den Maurern folgende Geschichte erzählen wollten; Die Maurerey sey zu betrachten, wie der Franciscaner-Orden; in solchem befänden sich Franciscaner, Minoriten, Capuciner; im Grund aber seyen alle Franciscaner: So sey es auch hier; ob wohl im Grund nur ein Maurer-Orden in der Welt sey, so seyen doch

drey

---

5) l. c. S. 291.
6) l. c. S. 300.

drey große Branchen, in welche dieser Körper vertheilt sey, u. s. f.

Spartacus wußte jedoch damals noch nicht alles von der Maurerey. Denn er schrieb unter dem 6. Jan. 1779 an M. C. Porcius (welches offenbar eben der Cato ist) unter andern folgendes: „Die wichtige Entdeckung, so Sie an dem Abbate Marotti gemacht haben, erfreut mich ungemein. Nutzen Sie diesen Umstand, so viel möglich. Suchen Sie durch solchen die wahre Geschichte und die ersten Urheber der Maurerey zu erfahren. Denn mit dieser allein kan ich noch nicht ganz einig werden, obwohlen ich auch etwas errathen wollte." 7)

So viel aus den in den Originalschriften enthaltnen Briefen erhellt, ist noch mehrmals über diese Verbindung des Illuminatismus mit der Freymaurerey gerathschlagt worden. Die Sache selbst ist aber erst nach dem Zutritt des Philo (Freyherr von Knigge, jetzigem Churbraunschweigischem Oberhauptmann in dem Herzogthum Bremen) zu Stande gekommen. Nach seiner eignen Erzählung kam er im Julius 1780 zu Frankfurt am Mayn mit dem Diomedes (Marchese von Costanza) welchen die Illuminaten aus Bayern abgeschickt hatten, um in protestantischen Ländern Colonien anzulegen, in Bekanntschaft, erfuhr

von

7) Originalschriften S. 303.

von ihm die Existenz der Illuminaten, und wurde aufgenommen 8).

Letzteres mag allenfalls gegründet seyn; aber sicherlich hatte er vorher schon Nachricht von der Existenz des Ordens und dessen System. Denn Spartacus meldet in einem Brief vom 28. Februar 1780 und also vier Monathe vor dieser Bekanntschaft, er habe ihm die Sache des Cato zugesandt. Da Philo wahrscheinlich hierüber seine Meynung eröfnen sollte, so setzt dieses eine frühere Wissenschaft von der Anstalt voraus. Doch hieran ist wenig gelegen; vielleicht hat den Philo sein Gedächtniß irre geführt 9).

Philo correspondirte hierauf nach München, erhielt im November einen Brief von Spartacus 1), schlug dem Spartacus neue Candidaten zum Orden vor, nahm sich der ganzen Sache mit Ernst an, und brachte viele Freymaurer zu den Illuminaten 2). Das Jahr darauf im November 1781 reisete er selbst nach Bayern 3) und erhielt von den Areopagiten den Auftrag, alle bisherige von

Spar-

---

8) Philo's endliche Erklärung und Antwort u. s. f. Hannover 1788. S. 32.
9) Originalschr. S. 353.
1) Originalschr. S. 355.
2) Philo's Erklär. S. 39.
3) l. c. S. 57.

Spartacus verfertigte Sachen, wobey dieser nicht immer mit sich selbst einig war, und von Zeit zu Zeit manches geändert und zugesetzt hätte 4), in Ordnung zu bringen, und das ganze System, bis auf die höhern Mysterien, auszuarbeiten, und hierauf alles an die Areopagiten und den Spartacus einzuschicken 5). Doch muß er bereits vorher manches bearbeitet haben, da Spartacus seiner Arbeiten schon in einem Brief vom 26. May 1781 gedenkt 6).

Auch wurde sein Vorschlag (der jedoch nach dem Obigen nicht ursprünglich von ihm herrührte) das Ganze an die Freymaurerey anzuknüpfen, und vom großen Illuminatengrade an alles auf die freymaurerischen Hieroglyphen zu stützen, genehmigt 7).

Nach dem hierüber abgeschloßnen Receß 8) d. d. München vom 20 December 1781 sollte der Orden nachstehende Klassen haben:

Erste Klasse: Mineralen
   a. Noviz
   b. Minerval
   c. Minervalis Illuminatus, oder Illuminatus minor.

Zweyte

---

4) Originalschriften, durchaus.
5) Philo's Erklär. S. 78.
6) Originalschr. S. 376.
7) Philo's Erklär. S. 79.
8) Nachtrag von weitern Originalschriften der Illuminaten, 8. München 1787, zweyte Abtheil. S. 8.

Zweyte Klasse: Freymaurer
  a. Lehrling
  b. Gesell
  c. Meister.

Dritte Klasse: Mysterienklasse
  a. Illuminatus major, oder Schottischer Novis
  b. Illuminatus dirigens, oder Schottischer Ritter.

Die höhern Mysterien sollten bestehen in einem
  a. Priestergrad; wobey die eigentlichen Priester, als Vorsteher der wissenschaftlichen Sätze, von den Magis oder höhern speculativischen Köpfen unterschieden und also bereits zwey Abtheilungen in diesem Grad vorausgesetzt wurden.
  b. Regentengrad; damals noch ohne weitere Abtheilung, welche erst nachher dazu kam.

Die höhern Mysterien sollten erst in der Folge verfaßt, und indeß Materiallen von den Areopagiten gesammelt, und an den Philo eingesendet werden. Dieser sollte das Skelett alsdann entwerfen, solches unter den Areopagiten circuliren lassen; wenn alles berichtigt sey, sollte es der General Spartacus bekommen; alsdann alles ganz ausgearbeitet, wieder herumgeschickt, ins Reine gebracht, und nachher ausgetheilt werden.

In Ansehung der drey ersten Klassen und deren Unterabtheilungen waren bereits Aufsätze vorhanden, welche

welche Philo mit sich nahm, und sich zu Frankfurt am Mayn, wo er damals gewöhnlich war, an die Arbeit machte 9). Es wurden außer den im obgedachten Receß enthaltnen Sachen noch einige weitere Verabredungen getroffen: z. E. Philo sollte das Freymaurer-Rituale der drey symbolischen Grade, wovon auch schon ein Aufsatz vorhanden war 1), nebst einem Constitutionsbuch ausarbeiten, und dasselbe so viel möglich in allen Logen durch den Einfluß der Illuminaten einführen lassen, und alles so einleiten, daß diese in den Logen der verschiednen Systeme die Oberhand bekämen, um den müßigen Haufen der Freymaurer für die gute Sache in Thätigkeit zu setzen. Auch bedung er sich aus, daß denen durch ihn aufgenommenen, und überhaupt allen Untergebenen, keine Bücher anempfohlen werden sollten, in welchen die Lehren der christlichen Religion angegriffen würden: daß man Vorsichtigkeit in Ansehung der Pflichten und Verhältnisse gegen die Staaten anempfohlen, und überhaupt die gänzliche Entwikkelung der religiösen und politischen Grundsätze des Ordens, als welche das reifste Nachdenken erforderten, bis auf die großen Mysterien versparen und diese vorerst noch nicht ausarbeiten sollte 2). Also sollten die gedachten Grundsätze erst in dem Priester- und Regenten-Grad, woraus

da-

---

9) Philo's Erklär. S. 82.
1) Nachtrag der Originalschr. 2. Abth. S. 10.
2) Philo's Erklär. S. 79. 80.

damals die höhern oder großen Mysterien bestehen sollten, vorgetragen werden. Nachher hat sich, wie sichs gleich zeigen wird, die Sprache in etwas geändert, so daß man die vorhin sogenannte dritte Mysterienklasse nicht mehr mit diesem Nahmen belegt, und dagegen in den so betittelten höhern Mysterien, wieder eine Abtheilung in die kleinere und größere Mysterien beliebt hat.

Philo arbeitete die ihm aufgetragenen Sachen aus, und so bekam nunmehr der Orden folgende etwas veränderte Gestalt, Klassen und Grade 3).

Die erste Klasse war, wie sie Philo nennt, die Pflanzschule, und begriff das Noviziat und die Minervalklasse. Dazu gehörten verschiedne Aufsätze, z. B. ein Vorbereitungsaufsatz, in welchem ein allgemeiner Begriff vom Orden gegeben wird, die allgemeinen Ordens-Statuten, die Statuten der Minervalen, eine Instruction für die Obern derselben. Alle diese sind auf die Aufsätze des Spartacus erbaut, und nachher in folgendem Werkchen gedruckt worden: Der ächte Illuminat, oder die wahren unverbesserten Rituale der Illuminaten, enthaltend 1. die Vorbereitung, 2. Noviziat, 3. den Minervalgrad, 4. den kleinen und 5. großen

---

3) Philo's Erklär. S. 89. u. f. Nachtrag der Originalschrift, 1. Abth. S. 108.

großen Illuminatengrad. Ohne Zusatz, und ohne Hinweglassung, 8. Edeßa 1788 (Frankfurt am Mayn, bey Hermann). Philo erkennt diesen Abdruck für ächt, und sagt, ob er gleich nicht wisse, von wem er herrühre, so sey doch alles so, wie es aus seiner Hand gekommen sey 4). Ein beträchtlicher Theil dieser Dinge steht auch im Ersten Theil (kein zweyter ist erschienen) der vollständigen Geschichte der Verfolgungen der Illuminaten, 8. Frankfurt und Leipzig 1786, (Nürnberg) in der Grattenauerischen Buchhandlung 5). Manches auch schon in dem Schreiben an Herrn Hofkammerath Utschneider, 8. 1786. 6).

Die zweyte Klasse sollte nach obigem Receß nur die drey Grade der symbolischen Maurerey begreifen, worüber auch ein Rituale, davon schon etwas zur Zeit des Recesses vorhanden war 7) und ein Constitutionsbuch ausgearbeitet werden sollte, auch würklich ausgearbeitet wurde 8), aber in dem vorhin gedachten ächten Illuminaten nicht befindlich, auch meines Wissens noch nicht gedruckt ist. Nach jenem Receß sollte die Schottische Maurerey
eine

4) Philo's Erklär. S. 96.
5) S. 119—221.
6) S. 56—136.
7) Nachtrag der Originalschr. 2. Abth. S. 10.
8) Philo's Erklär. S. 79 Nachtrag. 1. Abth. S. 108.

eine eigne und zwar die dritte, oder sogenannte Mysterienklasse ausmachen. Man hat aber dieselbe nachher mit zur zweyten Klasse gerechnet. Ob Philo, oder wer sonst den ersten Einfall dieser Veränderung gehabt, findet sich nicht; es ist auch hieran nichts gelegen, da diese Abänderung nachher von Spartacus und seinen Areopagiten genehmigt worden. Von nun an gehörten die Schottischen Grade nicht mehr zu der sogenannten Mysterienklasse, sondern diese Klasse erhielt eine andre Einrichtung und Abtheilung; wie aus dem folgenden erhellen wird.

Die Schottische Maurerey hatte zwey Grade 1. den Schottischen Novizen, der auch Illuminatus major heißt, und 2. den Schottischen Ritter, welcher auch Illuminatus dirigens genennt wird. Jener ist ebenfalls in dem bemeldten ächten Illuminaten abgedruckt; dieser aber nicht. Philo sagt, daß der Illuminatus dirigens, oder Schottische Ritter, zur Zeit als er seine Erklärung schrieb (das ist 1788) noch nicht gedruckt sey 9) Ich entsinne mich auch nicht, ihn nachher anderstwo gedruckt gefunden zu haben.

Das Publicum verliehrt auch dabey eben nicht viel. Denn selbst nach obigem Receß sollten die Schottischen Grade nichts enthalten, woraus man den geheimen Plan

über

---

9) Philo's Erklär. S. 106.

und die eigentliche Absicht des Ordens abnehmen könnte. Denn es heißt daselbst bey Gelegenheit der höhern Mysterien: "Taugt der Mann zu nichts besserm, so bleibt er Schottischer Ritter." 1)

Indeß kan man den wesentlichen Inhalt desselben aus der Erzählung des Philo, und aus den in dem Nachtrag enthaltenen Briefen, ohnschwer ersehen. Da man einmal die Absicht hatte die Religion mit in das System zu verweben, theils um sich den Weg zum völligen Aufschluß, oder, wie Philo oben sagte, zur völligen Entwickelung zu bahnen, nach welcher, wie sich in der Folge zeigen wird, alle positive Religion Betrug sey; theils um die Mitglieder, welche noch Religion hatten, nicht fornenweg abzuschrecken, weswegen auch Philo zum öftern gegen die unvorsichtige Auskramung des Deismus warnte 2), auch Andre sich daran stießen, daß Leute im Orden seyen, die alle Religion als Aberglauben lächerlich zu machen suchten 3) so fand Philo für gut, dieses auf eine behutsame Art in dem Schottischen Rittergrad zu thun, und so mit den Uebergang zu der nun sogenannten Mysterienklasse, welche ursprünglich den Priester und Regenten-Grad unter dem Nahmen der höhern Mysterien enthalten sollte 4) zu er-

---

1) Nachtrag zu den Originalschr. 2. Abth. S. 13.
2) Nachtrag der Originalschr. 1. Abth. S. 200. 205.
3) l. c. S 182.
4) Nachtrag 2. Abth. S. 13. Philo's Erklär. S. 96.

erleichtern. Demnach wollte er die christliche Religion, so wie er sie sich vorstellte, und von welcher er behauptete, sie sey, wenn sie von Menschensatzungen gereinigt, und unmittelbar, und ohne Verdrehung aus der Bibel geschöpft würde, unter allen positiven Religionen die beste, (auf eine Zeitlang) aufrechthalten, und sie dadurch interessant machen, daß man das Andenken ihres göttlichen Stifters durch einfache, herzergreifende Ceremonien, nach Schottischer Maurer Weise in den Versammlungen feyerte, und die Freymaurerey, wie sie es auch wohl ihrer Stiftung nach hätte seyn sollen, als den engern Ausschuß (Aufschluß scheint ein Druckfehler zu seyn) besserer Christen darstellte. Daher hatte er auch ein Ritual zu Feyerung der Agapen oder Liebesmähler nach Art der ersten Christen erdacht und beygefügt 5).

Philo, ein Protestant, war ein großer Freund von Ceremonien 6), Spartacus aber, ein Katholik, war es nicht. Daher war dieser auch mit dem vom Philo verfertigten Schottischen Rittergrade nicht ganz zufrieden. Er schrieb in einem Brief an den Cato 7), folgendes: „Lassen Sie mit Ertheilung des Rittergrades noch auf eine kurze Zeit Innstand halten, lassen Sie solchen neu abschreiben: dabey aber

---

5) Philo's Erklär. S. 104—106.
6) l. c. S. 115.
7) Nachtrag der Originalschr. 1. Abth. S. 66.

aber laſſen Sie aus 1. den Revers, 2. das Liebesmahl, 3. die von Philo verfaßte käuderwelſche halbtheoſophiſche Anrede, und Erklärung der Hieroglyphen. Statt deſſen erhalten Sie dieſer Tagen eine von mir neuverfaßte ſehr zweckmäßige wichtige Anrede. Ich habe es vor nöthig befunden, dieſe Abänderung zu machen, weil dieſer Grad offenbar der elendeſte von allen iſt, ſich ſo gar nicht zu den übrigen ſchickt, aller Achtung der Leute, die mit jedem Grade wachſen ſollte, vermindert, und wie die Beylage zeigt, den M. Aurelius nebſt noch mehr andern ſcheu gemacht. F. — — und mehr andre nennen es jouer la Religion, und ſie haben recht."

Dieſe Anrede des Spartacus iſt jedoch nicht gleich angenommen und eingeführt worden. Denn Philo ſchreibt, er habe alle ſeine Grade von den Areopagiten genehmigt, und mit Spartacus Ordens-Pettſchaft und Chiffer beglaubigt, zum Austheilen zurück erhalten. Daß ſeine Anrede abgeändert worden, meldet er nicht, ſondern ſetzt blos hinzu: Nur fand man, daß die religiöſen Ceremonien im Schottiſchen Rittergrad ohne Gefahr in katholiſchen Ländern nicht leicht einzuführen ſeyn würden, und bedung ſich daher aus, dieſe nach den Umſtänden weglaſſen zu dürfen. Alles Uebrige war ihnen Recht 8)."

Nach der zwiſchen Philo und Spartacus entſtandnen Mißhelligkeit aber bediente ſich Spartacus ſeiner eignen An-

---

8) Philo's Erklär. S. 123.

Anrede. Denn er sagt in einem Brief vom 2. Febr. 1785 an die Areopagiten, bey Gelegenheit der Grade, welche dem Churfürsten vorgelegt werden sollten: „Man übergiebt den Illuminatus dirigens, die Ceremonien der Aufnahme, und meine Anrede: alles übrige hinweggelassen." Diese Anrede ist erst im Jahr 1786 im Druck erschienen, und findet sich in der Geschichte der Verfolgungen der Illuminaten 9).

Noch findet sich eine andre Anrede an die neu aufzunehmenden Illuminatos dirigentes von des Spartacus Handschrift in dem Nachtrag der Originalschriften 1). Was es damit für eine Bewandniß habe, wird sich gleich aufklären.

Die nunmehr sogenannte dritte Mysterienklasse hatte zwey Abtheilungen: 1. die kleinern und 2. die größern Mysterien. Zu jenen gehörte der kleine Priestergrad [Presbyter] und der kleine Regentengrad [Princeps]. Diese beyden hatte Philo ebenfalls ausgearbeitet; die größern Mysterien aber waren bey seinem gänzlichen Abgang von dem Orden, das ist den 1. Julius 1784 noch nicht gemacht 2) oder, da schon mit dem Anfang des Jahrs

---

9) S. 222—250.
1) 2. Abth. S. 44—121.
2) Philo's Erklär. S. 139. 119. Nachtrag der Orig. 1. Abth. S. 108.

Jahrs 1783 sein Briefwechsel mit Spartacus ein Ende nahm 3) ihm auch wohl nicht communicirt worden. Denn unterm 28. December 1784 gedenkt Spartacus der schon vorhandnen zwey Grade der höchsten Mysterien 4).

Bey dem kleinen Priestergrad hatte Philo fast alles aus des Spartacus Aufsätzen genommen, und dessen sogenannte in dem Nachtrag der Originalschriften 5) nachher abgedruckte Anrede an die Illuminatos dirigentes 6) und die Instruction der Provincialen in scientificis zum Grunde gelegt 7).

Bey dem kleinen Regentengrad war das Wesentliche wiederum vom Spartacus. Dabey hatte Philo die erste Helfte der Provinzial-Instruction (welche sich im Nachtrag der Originalschriften jedoch nicht vollständig befindet) mit zu Hülfe genommen 8).

Diese beyden Grade erscheinen hier gedruckt, so wie sie von Philo verfertigt, von Spartacus und den Areopagiten

---

3) Nachtrag, 1. Abth. S. 116. 117. 128.
4) l. c. S. 223.
5) Nachtrag, 2. Abth. S. 44. u. f.
6) Philo's Erklär. S. III.
7) Nachtrag, 1 Abth. S. 104.
8) l. c. S. 106. 79. 104. 2. Abth. S. 17. Philo's Erklär. S. 115. 116.

pagiten genehmigt, von Philo ausgetheilt und mit seines Nahmens Unterschrift versehen worden 9).

Die vorhin gedachte Anrede an die Illuminatos dirigentes macht nebst den Fragen die in der Einleitung des Priestergrades befindlich sind, das Wesentliche in dem kleinen Priestergrad aus, und hat in demselben den Titel Unterricht in dem ersten Zimmer. Wie kam sie aber in diesen Grad, da sie dem Titel nach zu urtheilen, für den Schottischen Rittergrad bestimmt war?

Spartacus hatte den Kopf beständig voll von seinen Ideen. Er arbeitete also unter der Hand und vorläufig an manchem Aufsatz, der erst in der Folge gebraucht werden sollte. So hatte er z. E. noch ehe der Priestergrad ins Reine gebracht war, schon einige Grade zu den höhern Mysterien, fertig liegen 1) obgleich die Reihe noch nicht an diesen seyn konnte. Oft änderte er auch seine Meynung, und gab einem Aufsatz eine andre Bestimmung. Dieß geschah namentlich mit dieser Anrede. Der Anfang derselben ist zu einer Zeit ausgearbeitet worden, wo Spartacus noch nicht mit sich selbst einig war, wie viel Klassen und Grade er festsetzen und wie er sie benennen wollte. Laut eines Briefs vom 15. März 1781 und also noch vor jenem Receß, wollte er gar nichts von Schotti-

---

9) Nachtrag, 1. Abth. S. 106. Philo's Erklär. S. 123.
1) Nachtrag, 1. Abth. S. 69.

scher Ritterschaft in seinem System haben; und gerade
bey Gelegenheit, daß er von dem Grad des Illuminati
dirigentis spricht, erklärt er sich gegen dieselbe 2). In
dem Receß vom 20. December 1781 aber war beliebt worden, daß Illuminatus dirigens und Schottischer Ritter
einerley seyn sollte 3). Wahrscheinlich ist also jene Anrede noch vor diesem Receß angefangen worden, da in
der Ueberschrift blos Illuminati dirigentes, und keine
Schottische Ritter erwähnt werden. Im Jahr 1782
vermuthlich bald nach jenem Receß, nahm Spartacus
diese Anrede wieder vor, setzte sie fort und endigte sie;
um sie dem Philo zuschicken zu können, welcher den
Priester - und Regentengrad verlangt hatte. Denn in
dem Münchner Receß, waren die Grade nur bis zum
Schottischen Rittergrad festgesetzt worden 4). Daher
auch Spartacus in dem unter seinem weltlichen Nahmen
Weishaupt herausgegebnen Nachtrag zur Rechtfertigung
seiner Absichten 1787 5) gar wohl sagen konnte, er habe
diese Anrede im Jahr 1782 verfaßt. Er wollte sie nun
an einen andern Ort, nemlich in den Priestergrad hin-
bringen. Aber der Titel: an die Illuminatos dirigentes
blieb im Concept, wie er einmal war, stehen; und so
ist

2) Nachtrag, 1. Abth. S. 9.
3) Nachtrag, 2. Abth. S. 12.
4) Nachtrag, 2. Abth. S. 13. 1. Abth. S. 102.
5) S. 89.

ist dieses unter mehrern Documenten gefunden worden. In der an Philo geschickten Abschrift aber hatte man den Ausdruck: Illuminatos dirigentes wohl nicht gebraucht. Denn dieser meldet 6) Spartacus habe nachher, das ist, nachdem er Philo, bereits den Priestergrad verfaßt und wieder zurück erhalten hatt, die Absicht gehabt, diese Anrede schon in dem Grad der dirigirenden Illuminaten oder Schottischen Ritter einzuschieben. Philo hätte den Ausdruck: nachher nicht brauchen können, wenn in der ihm zugestellten Abschrift der dirigirenden Illuminaten in der Ueberschrift Erwähnung geschehen wäre.

In Ansehung der Zeit irrt sich indeß Philo gewiß. Es war vorher, und zu einer Zeit, wo Spartacus noch nicht alles in seinem Kopfe deutlich entwickelt hatte, als er diese Absicht gehabt haben mag, die er aber nachher, wenigstens bald nach dem abgeschloßnen Receß, aufgegeben hat. Denn in diesem war die Eintheilung der Klassen und Grade in eine gewisse Ordnung gekommen, in welcher sich Spartacus dieselben vorher noch nicht so deutlich gedacht haben mochte. Jenes erhellt unter andern auch daraus, daß Spartacus den Areopagiten unterm 2. Febr. 1785 aufträgt 7): Sie sollten dem Churfürsten den Illuminatus dirigens mit seiner Anrede vorlegen. Hier kan er die im Nachtrag so betittelte Anrede an die Illuminatos dirigentes, welche in dem

Priester-

---

6) Erklär. S. 111.
7) Nachtrag der Orig. 1. Abth. S. 225.

Priestergrad das Hauptwerk ausmachte, schlechterdings nicht gemeynt haben. Denn in derselben steht unter mehrern höchstbedenklichen Aeußerungen auch diese 8). Daß die Moral die Kunst sey — die Fürsten zu entbehren. Sicherlich würde er es nicht gewagt haben, so etwas dem Churfürsten vorzulegen; wie er dann auch in dem gedachten Brief alle Vorsichtigkeit empfiehlt, und manches abgeändert, einiges auch weggelassen wissen wollte. Er meynte also die von ihm neu-verfaßte Anrede des Rittergrades, die in der Geschichte der Verfolgungen 9) steht, und wovon vorhin geredet worden. Und so ist klar, daß diese ältere Anrede nicht nachher in den Schottischen Rittergrad eingetragen worden.

Spartacus hatte diese mehrgedachte Anrede an die Illuminatos dirigentes in eine Anrede des Priestergrades verwandelt. Er spricht in einem Brief an Cato ausführlich von der Anrede des Priestergrades und was er von derselben sagt, paßt vollkommen auf jene Anrede, und ist in derselben wörtlich enthalten 1). „Nun bin ich endlich, schreibt er, mit der Anrede des Priestergrades fertig: ich glaube sie so umgearbeitet zu haben, daß sie richtiger, und vollständiger und ungleich erheblicher

---

8) 2. Abth. S. 93.
9) S. 222.
1) Nachtrag der Orig. 1. Abth. S. 68.

licher ist, als meine eigne erste Ausarbeitung." Unter dieser seiner ersten Ausarbeitung versteht er die in dem Nachtrag der Originalschriften 2) befindliche Erklärung der maurerischen Hieroglyphen, welche würklich nicht alles, und dabey manches enthielte, das unerheblich war, oder woran Spartacus selbst noch zweifelte. Auch stand bey dieser Erklärung, die von seiner Handschrift war, auf dem Rand: „Ist ein Aufsatz von mir, der auch mutatis mutandis in die Anrede dieses Grades (der jedoch nicht mit Nahmen genennt wird) eingetragen worden, wie die zu erhaltende Copie zeigen wird."

„Veränderungen ins Bessere, fährt er fort 3) nehmen unsere Leute gerne an, um so mehr, als sie dieses verlangten. Und ich meines Theils schäme mich niemalen meine Arbeiten zu verbessern, um so mehr ein Orden, der sich eigens dazu anheischig gemacht, sein System von Tag zu Tag zu verfeinern." Der Brief hat kein Datum, aber offenbar ist nicht die Rede von dem von Philo verfertigten Priestergrad, an welchem Spartacus nachher und in andern Briefen verschiednes auszusetzen hatte, das er verbessern wollte. Denn er gedenkt in diesem Brief des Philo umständlich, ist auch in einigen Stücken mit ihm unzufrieden, sagt aber dabey kein Wort von des Philo Arbeit, sondern spricht, wie der

Augen=

---

2) Nachtrag der Orig. 1. Abth. S. 121. u. f.
3. Nachtrag, 1. Abth. S. 68.

Augenschein lehrt, einzig und allein von seiner eignen Arbeit. Es ist also dieser Brief früher geschrieben, ehe des Philo Priestergrad an den Spartacus eingelangt war, ja eher, als Philo diesen Aufsatz des Spartacus, worauf er seinen Grad erbaut hat, erhalten hatte. Spartacus gedenkt anderer Personen, denen er seine Anrede communiciren wollte 4) sagt aber noch nicht, daß er dieselbe dem Philo zusenden wolle: denn die übrigen Areopagiten in Bayern musten sie zuvor haben 5).

Nun giebt Spartacus den wesentlichen Inhalt seiner Anrede des Priestergrades an, und dieser ist ganz der nemliche, der auch in der sogenannten Anrede an die Illuminatos dirigentes enthalten ist. „Ich glaube nun bey nahe selbst, sagt er 6) (wiewohl solches sein Ernst nicht war, wie der Schluß, und eine Aeußerung in der Erklärung der Hieroglyphen bezeugt, wo er sagt: er müsse über diese Erklärung im Grunde lachen 7), daß, so wie ich es erkläre, es würklich die geheime Lehre Christi war, die Freyheit auf diese Art unter den Juden einzuführen: ich glaube selbst, daß die Freymaurerey verborgenes Christenthum ist; wenigstens paßt meine Erklärung

4) Nachtrag, 1. Abth. S. 67. 70. 74.
5) Nachtrag, 2. Abth. S. 15. 1. Abth. S. 74.
6) Nachtrag, 1. Abth. S. 68.
7) 2. Abth. S. 123.

klärung der Hieroglyphen vollkommen dahin, und auf diese Art wie ich das Christenthum erkläre, darf sich kein Mensch schämen, ein Christ zu seyn: denn ich lasse den Nahmen, und substituire ihm die Vernunft. Es ist doch würklich keine kleine Sache eine neue Religion, Staatsverfassung und Erklärungen der so dunkeln Hieroglyphen in einen Grad so passend zusammen zu drängen."
Würklich kommen des Spartacus Ideen von einer neuen Staatsverfassung, in welcher die Fürsten entbehrlich gemacht werden, und von der Erde verschwinden sollten 8) in dieser Anrede des Priestergrades auch vor.

In einem andern Brief an Cato sagt Spartacus 9). „Sie können nicht glauben, wie unser Priestergrad bey den Leuten Auf- und Ansehen erweckt. Das wunderbarste ist, daß große protestantische und reformirte Theologen, die vom Orden sind; noch dazu glauben, der darinn ertheilte Religionsunterricht enthalte den wahren und ächten Sinn der christlichen Religion. O Menschen! Zu was kan man euch bereden: Hätte nicht geglaubt, daß ich noch ein neuer Glaubensstifter werden sollte."

Eben so dachte auch Philo von der in der Anrede des Priestergrades befindlichen Erklärung der christlichen Religion. Nachdem er in einem Schreiben an Cato gemeldet hatte, welche Aufsätze er bey dem Priester- und Regenten-

---

8) 2. Abth. S. 93. 80.
9) Nachtrag. 1. Abth. S. 76.

gentengrad zum Grunde gelegt, so setzt er hinzu 1):
„Nun kam es auf die Grundsätze an, welche man in diesen Graden lehren müßte, um im System fortzurücken, und da fiel mir folgendes ein: Man soll das Bedürfniß jedes Zeitalters überlegen. Nun hat jetzt die Betrügerey der Pfaffen fast alle Menschen gegen die christliche Religion aufgebracht; aber zu eben der Zeit reißt wieder, wie es sehr gewöhnlich unter Menschen ist, die immer an etwas sich hängen wollen, die ärgste Schwärmerey ein. Um nun auf beyde Klassen zu würken und sie zu vereinigen, müße man eine Erklärung der christlichen Religion erfinden, die den Schwärmer zur Vernunft brächte, und den Freygeist bewöge, nicht das Kind mit dem Bade auszuschütten, dieß zum Geheimniß der Freymaurerey machen, und auf unsre Zwecke anwenden. Von einer andern Seite haben wir es mit den Fürsten zu thun. Indeß der Despotismus derselben täglich steigt, reißt zugleich allgemeiner Freyheitsgeist aller Orten ein. Also auch diese beyden Extrema müssen vereinigt werden. Wir sagen also: Jesus hat keine neue Religion einführen, sondern nur die natürliche Religion und die Vernunft in ihre alten Rechte setzen wollen. Dabey wollte er die Menschen in ein größeres allgemeines Band vereinigen; und indem er die Menschen durch Ausbreitung einer weisen Moral, Aufklärung und Bekäm-

---

1) Nachtrag. 1 Abth. S. 104.

kämpfung aller Vorurtheile fähig machen wollte, sich selbst zu regieren; so wer der geheime Sinn seiner Lehre: allgemeine Freyheit und Gleichheit unter den Menschen wieder ohne alle Revolution einzuführen. Es lassen sich alle Stellen der Bibel darauf anwenden und erklären, und dadurch hört aller Zank unter den Secten auf, wenn jeder einen vernünftigen Sinn in der Lehre Jesu findet, es sey nun wahr oder nicht. Weil aber diese einfache Religion nachher entweyhet wurde, so wurden diese Lehren durch die Disciplinam arcani und endlich durch die Freymaurerey auf uns fortgepflanzt, und alle Freymaurerische Hieroglyphen lassen sich auf diesen Zweck erklären. Spartacus hat sehr viel gute Data dazu gesammelt, ich habe das meinige hinzugethan, und so habe ich die beyden Grade verfertigt, und darinn lauter Ceremonien aus den ersten Gemeinen genommen. Da nun hier die Leute sehen, daß wir die einzigen ächten wahren Christen sind, so dürfen wir dagegen ein Wort mehr gegen Pfaffen und Fürsten reden; doch habe ich dieß so gethan, daß ich Päpste und Könige nach vorhergegangener Prüfung in diese Grade aufnehmen wollte."

Das letztere ist offenbar wider den Augenschein. Wer kann sich Könige, oder gar Päpste so einfältig vorstellen, um zu glauben, sie hätten nicht sehen sollen, wo die Grundsätze in der Anrede des Priestergrades, oder wie es Philo betittelt, in dem Unterricht in dem ersten

Zimmer hinauswollen? Es ist ja nicht einmahl ein Schleyer darüber gezogen worden.

Die Absicht gieng unstreitig auf eine Weltreformation oder den sogenannten Kosmopolitus, nach welchen die Stifter der Illuminaten den Leuten alles, was ihnen bisher heilig und ehrwürdig war, die positive Religion, die Staatsverfassung, bürgerliche Ruhe und Ordnung unter dem Vorwand einer allgemeinen Freyheit und Gleichheit, womit nunmehr auch die Franzosen in ihrem Vaterland sowohl als in auswärtigen Ländern, so viel Unheil gestiftet haben, entreissen, die Fürsten ihrer wohl hergebrachten Rechte berauben und sich die Herrschaft der Welt allein zueignen wollten. Philo gedenkt dieses geheimen Plans auch in seinem Diario vom Monat August 1782, wo er sagt 2): Theogeis ist durch des Pausanias Bestreben im Oesterreichischen als lutherischer Pfarrer angesetzt. Bey dieser Gelegenheit hat derselbe ohnerwartet einen Brief vom Bischoffe von K — — — erhalten. In demselben sind Grundsätze, als wenn sie aus unsern Heften abgeschrieben wären; es ist von einem geheimen Reformations-Plane geredet, und gebethen, den Brief an Niemand zu zeigen." Dieser Plan liegt zwar bey allen vorhergehenden Graden zum Grund, aber in keinem ist er so deutlich enthalten, als in dem Priestergrad. Von

_____
2) Nachtr. 1. Abth. S. 204.

diesem rühmt Philo, er habe den Chrysippus, ohne daß er es selbst wisse, zu einem halben Naturalisten 3) gemacht.

Noch lange hernach 1788 gesteht Philo ein 4) man habe in demselben zu beweisen gesucht: „alle Lehren des Welt=Erlösers verriethen die höchste Weisheit und Güte, und zielten dahin, einen für die Menschheit unendlich großen und edlen Plan auszuführen; welcher kein anderer als der Plan der Verbindung der Illuminaten und der höhern Maurerey sey." Er giebt ihn kurz hernach 5) noch ausführlicher an, und sucht ihn auch da noch zu rechtfertigen. „In dem Priestergrad, sagt er, wurde gezeigt, wie weisheitsvoll, beruhigend und wohlthätig die Lehre Christi sey, und welch ein großer Plan in derselben zum Grunde liege. Hier wurde nemlich auseinander gesetzt, wie der Zweck des göttlichen Erlösers dahin gegangen: die Menschen zu ihrer ursprünglichen Würde wieder zu erheben; durch weise Aufklärung die Moralität auf den höchsten Grad zu bringen; ein allgemeines Sittenregiment einzuführen, also, daß jeder ohne Zwang aus der innern Ueberzeugung, daß nur Tugend Glück gewähren könne, der Tugend treu bliebe; alle Menschen durch Ein Bruderband

---

3) l. c. S. 110.
4) Erklär. S. 105.
5) l. c. S. 109. u. f.

band an einander zu knüpfen; alle engern Verhältnisse, welche Noth, Bedürfniß und Kampf gegen Verderbnisse und Immoralität erzeugt hätten, dadurch aufzuheben, daß er uns fähig machen wollte, uns selbst zu regieren, und folglich aller künstlichen Anstalten, aller Staatsverfassungen, positiven Geseze und dergleichen entbehren zu können. Es wurde ferner gelehrt und durch Schriften der Evangelisten und Apostel bewiesen, daß ächtes Christenthum keine Volksreligion, sondern ein System für Auserwählte sey; daß Jesus den höhern Sinn seiner Lehre nur seinen vertrautesten Jüngern mitgetheilt habe. Von dieser [diesen] hieß es, sey dies System durch die Disciplina Arcani unter den ersten Christen fortgepflanzt, in den Mysterienschulen der Gnosticker, Manichäer, Ophiten u. s. f. auf doppelte Weise, nemlich exoterisch und esoterisch gelehrt, und dann endlich nach manchen Wanderungen in Hieroglyphen versteckt, ein Eigenthum des Freymaurer=Ordens geworden. Ein großer Theil dieser Deduction rührte von Spartacus selbst her, und war gewiß nicht sein schlechtestes Werk. Man kan diesen Theil in dem Anhange, der dem Nachtrag zu den Originalschriften unter dem Titel: zweyte Abtheilung, Documente, beygedruckt ist, S. 80. u. f. lesen. Herr Weishaupt hatte nemlich nachher [hierüber ist in dem Vorhergehenden schon erinnert worden, daß sich Philo in Absicht auf diesen Zeitumstand wohl geirrt haben möchte], die Absicht, diesen Aufsatz schon in den Grad der dirigirenden Illuminaten, bey mir Schotti-

scher

scher Rittergrad, einzuschieben — und ich denke man wird den darinn geäußerten Grundsätzen seinen Beyfall nicht versagen können. Uebrigens beweisen selbst die Originalschriften, daß der Priestergrad den Edelsten unter unsern Mitgliedern groß und wichtig vorkam. — Und wie hätte es auch anders seyn können? Man lese nur die eben angeführten Blätter, die einen Theil desselben ausmachen! Man lese unpartheyisch und urtheile, ob darinn nicht die Lehre Jesu aus einem erhabenen, reizenden Gesichtspuncte dargestellt wird. Freylich wird mancher darinn einige dogmatische Sätze vermissen, die zwar nichts weniger als geleugnet, doch aber hier nicht eigentlich bestimmt gelehrt werden: allein man bedenke nur, daß dieser Aufsatz kein theologisches Compendium seyn sollte, und daß ein Haupt-Augenmerk dabey war, die Religion von einer solchen Seite darzustellen, daß sie jedermann, auch den Nichtgläubigen interessant wurde."

Nachdem Philo sich noch weiter über den Priester- und Regentengrad erklärt hatte, so hat er so gar, und zwar noch 1788 die Verwegenheit, triumphirend auszurufen 6). „Das war das ganze Ordens-Gebäude! [mit Ausnahme der größern Mysterien, die noch nicht gemacht waren, und im Fall auch das Vorhergehende ganz unschuldig gewesen wäre, doch immer noch sehr viel Verfängliches in sich

---

6) Erklär. S. 119.

sich enthalten konnten]! Und nun trette Der auf, welcher etwas darinn finden kan, daß der wahren Religion, der bürgerlichen Glückseligkeit und den guten Sitten Gefahr gedroht hätte."

Wäre dieses auch an dem, ob es gleich durch den Augenschein widerlegt wird, so wäre es doch nichts weiter, als ein Kunstgriff, die Leute hinzuhalten, biß sie in den höhern Mysterien die große Entdeckung vertragen könnten: daß alle positive Religion Betrug sey 7). Philo gesteht dieses in seinen Briefen an Cato vom Jan. — März 1783 selbst ein. Er war nicht dagegen, daß der Deismus eingeführt werden sollte, aber er wollte eine gewisse Vorsichtigkeit dabey beobachtet wissen 8). Diese hatte auch Mahomet dem Spartacus selbst empfohlen, der damals so gar an der Unsterblichkeit der Seele zweifelte 9). Philo macht sich ein Verdienst daraus, daß er die Leute in Absicht auf die Religion hintergangen habe, und ist böse, daß solches Spartacus nicht dankbar genug erkennen wollte: „Ich habe sagt er 1) diejenigen unter uns, welche jetzt so würksam für uns sind, aber sehr an Religiosität kleben, bey ihrer Furcht, man habe die Absicht, den Deismus auszubreiten;

---

7) Nachtrag, 1. Abth. S. 106.
8) l. c. S. 200. 205.
9) l. c. S. 164.
1) l. c. S. 117.

ten, zu überzeugen gesucht, die höhern Obern hätten nichts weniger, als diese Absicht. Nach und nach wirke ich doch, was ich will." Im Eifer droht er diejenigen, welchen die Religion theuer sey, mit den Grundsätzen des Ordens-Generals vertrauter zu machen 2). Er sagt ihm selbst ins Angesicht 3): "Wenn ich die Entstehungsgeschichte, Ihre wahrhaftig für die Welt gefährlichen von mir in allen Heften moderirten Grundsätze gewissen Männern vorlegen wollte: wer würde bleiben? Was ist der Priestergrad, [der doch, wie ein jeder Leser sehen muß, arg genug ist], gegen Ihre Mittel zu guten Zwecken?

Der Satz: der Zweck heiligt die Mittel, war gleich anfänglich Grundsatz des Spartacus; wie die Aussage des Herrn Abts Cosandey und andrer beweisen, die zu Ende des Jahrs 1783 von dem Orden abtratten, und welche mehrmals, unter andern auch in der Schrift: drey merkwürdige Aussagen die innere Einrichtung des Illuminatenordens in Bayern betreffend, 8. 1786 gedruckt worden. Dieser Satz wurde blos mündlich gelehrt. Er findet sich daher auch in keinem Grad deutlich ausgedrückt, wohl aber versteckt und nach Philo's Sprache moderirt in dem kleinen Illuminaten, und zwar in dem

dazu

2) Nachtrag, 1. Abth. S. 113.
3) l. c. S. 124.

dazu gehörigen Unterricht zur Bildung brauchbarer Mitglieder, wo es heißt: "Man bediene sich derselben Mittel, die der Betrug zur Bosheit anwendet, um das Gute durchzusetzen 4)." In dem hier abgedruckten Priestergrad und zwar in der Instruction n. VII. kommt er zwar auch vor, aber problematisch eingekleidet. "In wiefern ist der Satz wahr, daß alles, was zu einem guten Zweck führt, auch ein erlaubtes Mittel sey? Wie muß der Satz eingeschränkt werden, um zwischen jesuitischem Misbrauch und ängstlicher Vorurtheils-Sclaverey hindurch zu gehen?"

Wer den hier gedruckten Priestergrad mit den authentischen Aeußerungen des Philo vergleichen will, der wird an der Aechtheit desselben, wäre auch das Certificat, das jedoch auch sein Gewicht hat 5) gar nicht dabey, doch keinen Augenblick zweifeln können. Zu noch mehrerer Befestigung kan er noch das hinzunehmen, was Philo von der Instruction im scientifischen Fach sagt welches alles ganz das Nemliche ist, wie es sich in dem Priestergrad findet. Eben dieses gilt auch von dem Regentengrad 6). Außerdem haben wir auch noch die in dem Nachtrag der Originalschriften enthaltenen Zeug-

---

4) Aechter Illuminat. S. 122.
5) Nachtrag der Orig. 1. Abth. S. 106.
6) Erklär. S. 114. 115. u. f.

Zeugnisse des Spartacus selbst, wozu noch das hinzuzufügen ist, was er unter dem Nahmen Weishaupt in dem Nachtrag zu seiner Rechtfertigung von diesen Graden vorbringt; wovon so gleich ein mehreres.

So gewiß nun beyde Hauptpersonen in den in diesen Graden vorgetragnen Grundsätzen übereinstimmten: so wurden sie doch hernach uneinig. Die eigentliche Ursache lag zwar anderstwo: Spartacus hatte den Philo in Verdacht, als arbeitete er für sich und hinter seinem Rücken, und correspondirte daher mit des Philo Untergebenen insgeheim 7). Philo aber konnte die Neckereyen und die Herrsucht des Spartacus nicht ertragen, und wollte keine subalterne Rolle spielen 8). Allein am Ende gaben doch diese Grade die Gelegenheit zur Trennung.

Anfänglich schien die Sache nicht sonderlich erheblich. Denn Spartacus hatte an dem Wesentlichen nicht viel getadelt, konnte es auch nicht wohl, da es von ihm selbst herrührte. Nachdem er, wie oben gemeldet, in einigen Briefen an Cato von seiner eignen Anrede des Priestergrades gesprochen hatte, so kommt er nachher auf den von Philo völlig aus-

---

7) Nachtrag, 1. Abth. S. 81. 103.
8) l. c. S. 99. 113. 120. 125.

gearbeiteten ganzen Grad, den er inzwischen erhalten hatte, zu reden. In einem Brief ohne Datum sagt er 9): "Wegen dem schon von mir einmal entworfnen Regentengrad beruhigen Sie sich. Philo hat ihn in Händen, und hat daraus seinen Regentengrad gemacht, den auch Mahomet schon 6 Monat in Händen hat, nicht herausgiebt, und daran beständig castrirt, ob ihn gleich schon über 20 Personen haben." In einem andern Brief ebenfalls an Cato, auch ohne Datum, heißt es 1). "M. Aurel ist äußerst mit dem Priestergrad zufrieden; er schreibt, seine ganze Seele hänge daran, weil sich die heiligsten seiner Pflichten in ihm vereinigen: nur wünscht er, daß gewisse Ausdrücke gemildert würden. — Im Orden ist dermalen die entsetzlichste Crisis, die nur seyn kan, durch Mahomet verursacht. Dieser hat A. — — gegen den Priestergrad aufgehetzt, um seine Meynung geltend zu machen. A. — — schrieb mir einen furiosen Brief, daß ich ihn — betrogen habe. Die Ausdrücke seyen rebellisch ꝛc. und diese müßten geändert werden. Ich versprach ihm, um Recht zu haben, auch dieses, daß die Ausdrücke sollten gemildert, das Uebrige aber belassen werden; schrieb zu diesem Ende an Philo. Hier ist ein Theil von dessen Antwort Sie sehen, wie ich zu leiden habe! [vermuthlich hat Philo

geant-

9) Nachtrag, 1. Abth. S. 79.
1) l. c. S. 82.

geantwortet, daß ja die ganze Anrede, als in welcher die eigentlich anstößigen Dinge befindlich sind, von ihm, dem Spartacus, selbst herrühre] ich bin es nicht mehr im Stand auszustehen. Bey jedem kleinen Grad giebt es solche Bewegungen, und allzeit ist Mahomet davon der Urheber. Nun hat er diesen Grad schon über 6 Monat in Händen, und ich kan ihn nicht wieder von ihm erhalten. Ich werde weder dem Philo, weder dem Mahomet ganz nachgeben: letzterm habe ich nachdrücklich geschrieben. Es ist wahr, wie Philo schreibt, er [nemlich Mahomet, der also seine vermeynte Verbesserungen mit Zurückbehaltung des Aufsatzes von Philo, eingesandt haben muß], hat den Grad nach seiner Phantasie so entsetzlich verhunzt, daß er das elendeste Alltagwerk ist."

In einem andern Brief an Cato vom 28. Jan. 1783 zu einer Zeit wo Spartacus mit Philo schon so weit verfallen war, daß er nicht mehr an ihn schrieb, obgleich Philo noch schrieb 2) scheint Spartacus auch nicht mehr ganz mit den Materialien in dem von Philo verfertigten Priestergrad zufrieden zu seyn, wobey er sich jedoch zum Theil selbst eines Fehlers schuldig giebt. Denn er sagt: „Was Diomedes abgeschrieben bleibt: nur die Anrede des Priestergrades [oder den so betittelten Unterricht im ersten Zimmer] ändre ich. Sie werden finden, daß der Grad weit vortreflicher wird, als vorhero. Ich lasse alles Anstößige hinweg; beweise und erläutere: alles bessere; denn Philo ver-

---

2) Nachtrag, 1. Abth. S. 88. 92. 117. 118.

hat es erschrecklich verdorben, und seithero haben sich meine Einsichten vermehrt. Auch F. — — hat sich darüber geärgert, auch Epictet, auch alle, welche Philo für sich allegirt." Nachdem Spartacus, ohne jedoch die einzelnen anstößigen Puncte nahmhaft zu machen, eine Abänderung für nothwendig auch selbst in Ansehung Bayerns erklärt, und sich geäußert hatte, daß wenn es übel gehen würde, sich jedermann aus der Schlinge ziehen, und die ganze Schuld auf ihn fallen würde, welche er jedoch übernehmen wolle, so setzt er hinzu 3): "Aber nur dieses bitte ich, wenn ich dereinst durch die Unvorsichtigkeit unserer Leute den Kopf verliehren soll: so erlauben sie mir doch wenigstens, daß ich mich vor der vernünftigen Welt nicht zu schämen habe: daß ich mich zu meinem Verbrechen ohne Schande bekennen kan: daß ich nicht den Vorwurf von Unbehutsamkeit, und unklugen unnöthigen Schmähausdrücken hören muß: daß ich meine Lehre mit aller Ehre vor vernünftigen Menschen mit meinem Tode versiegeln kan. Das könnte ich aber bey Philo's Anrede nicht; obwohl auch ich beym ersten Aufsatz würklich zu grell war: also erlauben Sie mir, daß er abgeändert werde, und dann stehe ich mit meinem Kopf vor alles."

Unterm 7. Febr. 1783 schrieb Spartacus abermals an Cato 4) und sagte bey Gelegenheit des Priestergrades von Philo: "Ich wünsche, daß alle Cerimonien, die würklich ein-

3) Nachtrag, 1. Abth. S. 89.
4) Nachtrag, 1. Abth. S. 94.

einfältig und unbedeutend sind, hinweg bleiben, und dieser Grad außer den vorher aufzulösenden Fragen, der Anrede [Er meynt die Anrede des Philo, oder den von diesem so benennten Unterricht im ersten Zimmer, welche bleiben sollte, weil er noch nicht gewiß war, was und wieviel er eigentlich darinn ändern wollte, solches auch in der kurzen Zeit vom 28. Jan. bis zum 7. Febr. nicht wohl hatte geschehen können] und dem Unterricht im Scientifischen nichts weiter enthalte; auch die Kleidung ist einfältig: wie viel Geld geht dabey verlohren! Ich bin der Meynung, daß die Priester außer einem kleinen rothen Kreutz auf der linken Seite des Rocks nichts tragen sollen: oder höchstens ein kurzes biß an die Hüfte reichendes weißes Scapulier oder Brustfleck unter dem Rock, auf welchem das rothe Kreutz angebracht ist. Der Decanus unterscheidet sich durch ein größers Kreutz, oder trägt solches ganz allein. Philo steckt voll solcher Narrheiten, welche seinen kleinen Geist verrathen. Den Regentengrad habe ich nicht gemacht, obwohl beynahe alles von mir ist. Er ist ungleich wichtiger, als der Priestergrad: und hier sieht man, wie wenig Philo im System arbeitet. Anstatt daß die Grade, je höher sie sind, um so wichtiger werden sollen, um so schlechter werden sie bey ihm. Auf den Illuminatus major 5) folgt der

elende

---

5) Man sehe ihn in dem ächten Illuminaten. S. 139—212.

elende Schottische Rittergrad ganz von seiner Composition, und auf den Priestergrad ein eben so elender Regentengrad; doch weil es ein dirigirender Grad ist, der die ganze Provincial=Instruction enthält, so ändre ich darinn nichts, etwelche einfältige niederträchtige Maximen ausgenommen." In diesem Brief klagt Spartacus noch weiter über Philo's Eitelkeit und Eigensinn, und sein schlechtes Betragen gegen ihn u. s. f. und setzt am Ende hinzu 6): „Mit dem allem werde ich ihm das Zeugniß geben, daß er durch Anwerbung wichtiger Leute um den Orden große Verdienste hat: aber außerdem hat er mir wenig genützt: hat mir oft manches verdorben, die Einheit meines Plans durch elende Einschaltungen von unbedeutenden Graden sehr stark verdorben."

Indeß kamen alle diese Kritiken über den Priester= und Regentengrad zu spät. Denn diese Grade waren schon ausgetheilt. Zwar hatte bereits vorher Mahomet manches daran ausgesetzt 7). Allein Spartacus, der an seinen Tadel gewohnt war, machte hieraus wenig, meldete solches zwar dem Philo 8) schrieb ihm aber auch, daß er dafür sorgen wolle, daß die Grade so angenommen würden, wie sie Philo verfaßt hätte. Er möge die Grade nur

6) Nachtrag, 1. Abth. S. 96.
7) l. c. S. 79. 83.
8) l. c. S. 82.

nur nach seiner Art austheilen. „Dieß that ich, sagt Philo in einem Schreiben an Cato 9) attestirte mit meines Nahmens Unterschrift die Aechtheit der Cahiers, und meine Leute waren entzückt über diese Meisterstücke, wie sie es nannten, außer daß zwey Personen kleine Einwendungen gegen einzelne Ausdrücke machten, welche leicht nach den Local-Umständen in jeder Provinz verändert werden können."

Eben so erzählt auch Philo die Sache in seiner Erklärung 1) nur daß er noch den Umstand von der Genehmigung der Areopagiten hinzufügt. „Da diese zauderten, die Hefte von ihren Anmerkungen begleitet zurückzugeben; so schrieb mir Hr. Weishaupt: Es dürfe durch die Faulheit dieser Menschen das Ganze nicht aufgehalten werden; ich solle nur, ohne weiteres Bedenken, meine Grade, so wie ich sie ausgearbeitet hätte, einführen. Endlich kam denn auch die Beystimmung der Uebrigen an, und man schickte mir alle Grade, ins Reine geschrieben, mit Spartacus Ordens-Petschaft und Chiffer beglaubigt zurück. Nur fand man, daß die religiosen Ceremonien im Schottischen Rittergrade ohne Gefahr in katholischen Ländern nicht leicht einzuführen seyn würden, und bedung sich daher aus, diese nach den Umständen weg-

---

9) l. c. S. 106.
1) S. 123.

weglassen zu dürfen. Alles Uebrige war ihnen Recht. Wer war froher, als ich? Ich theilte meine Grade so gewissenhaft als möglich aus."

In dem vorhin gedachten Brief des Philo an den Cato vom 20. Jan. 1783 gedenkt derselbe der Beystimmung der übrigen Areopagiten nicht, weil dieses dem Cato ohnehin bekannt war und nothwendig bekannt seyn muste. Er sagt unmittelbar auf die oben mitgetheilte Stelle 2). „Auf einmahl [also hernach, nachdem die Grade schon ausgetheilt waren] schickte mir Mahomet nicht etwa Anmerkungen zu diesen Graden, sondern ganz verändertes verstümmeltes Zeug. Man verlangte, ich sollte meine Hefte zurückfordern, und als ich mich weigerte, bestand wenigstens Spartacus darauf, alle Abschriften selbst zu revidiren, den Leuten zu sagen, es hätten sich unächte Zusätze eingeschlichen, um dadurch mich zum Lügner zu machen." Denn er hatte die Aechtheit derselben mit seines Nahmens Unterschrift attestirt, wie er vorhin in eben diesem Brief 3) erzählt. Dieses aber schlug Philo ab, und da Spartacus ihm durch einen seiner Untergebenen einen beleidigenden Verhaltungsbefehl zuschickte, auch noch Allerley sonst darzwischen kam, so tratt endlich Philo den 1. Jul. 1784 ganz ab 4) oder wurde, wie andere Nachrichten

2) Nachtrag, 1. Abth. S. 107.
3) l. c. S. 106.
4) l. c. S. 118. 128. Erklär. S. 126—136.

richten besagen, auf Verlangen des Spartacus, durch Hülfe zweyer anderer Illuminaten von dem Orden ausgeschlossen.

Die Zeit, wann die Areopagiten ihre Genehmigung ertheilt haben, wird nirgends gemeldet. Da indeß das Ansinnen des Spartacus dem Philo bereits den 20. Jan. 1783 bekannt war, die Grade aber vorher schon ausgetheilt waren: so hat, falls dieses erst nach Genehmigung der Areopagiten geschehen ist, die Austheilung bereits im Jahr 1782 Statt gehabt. Hat Philo die Genehmigung der Areopagiten aber nicht abgewartet, sondern so gleich nach erhaltner Erlaubniß des Spartacus die Austheilung vorgenommen: so fällt dieses noch früher im Jahr 1782. Denn im Monat August hatte er diese Erlaubniß schon, und damals hatte er den Priester- und Regentengrad bereits an zwey Personen gegeben 5). In beyden Fällen ist das dem hier gedruckten Priester- und Regentengrad vorgesetzte Attestat des Philo von 1782 unverdächtig; und es hindert nichts, daß man im Jahr 1783 von unächten Zusätzen in diesen Graden sprach: denn das geschah hintennach, als die Austheilung schon geschehen war.

Ursprünglich mochte Spartacus wohl nichts an den in diesen Graden geäußerten Grundsätzen, die ohnehin auch

---

5) Nachtr. 1. Abth. S. 207.

auch von ihm selbst herrührten, auszusetzen haben, sondern sein Tadel betraff eigentlich nur die Ceremonien und andre unbedeutende Dinge, die Philo eingeschaltet hatte, und ihm nicht gefielen. Wenigstens sagt er in dem Brief vom 7. Febr. 1783 6) wo er sich am umständlichsten darüber ausläßt, nicht ein Wort von jenen Grundsätzen. Zwar scheint es ihm einige Tage vorher, wie der Brief vom 28. Jan. 1783 beweiset, darüber angst geworden zu seyn, da er etlichemal vom Verliehren des Kopfes spricht 7). Er wollte daher auch einiges ändern 8) es scheint aber, er war den 7. Febr. noch nicht recht entschlossen, weil er in dem Brief von diesem Dato an den nemlichen Cato, nichts von Abänderung spricht, sondern dieselbe stillschweigends wieder zurück nimmt, indem er will, daß blos die Ceremonien weggelassen, die Fragen aber und die Anrede, welche eigentlich die gefährlichen Dinge enthalten, beybehalten werden sollen 9). Wahrscheinlich verfiel er auf den Gedanken der Abänderung blos deswegen, weil Einige verschiedne Ausdrücke für anstößig und rebellisch erklärt hatten 1) und als die Mishelligkeit zwischen ihm und Philo größer geworden war, so nahm

---

6) Nachtr. 1. Abth. S. 94.
7) l. c. und S. 87.
8) l. c. S. 90.
9) l. c. S. 94.
1) l. c. S. 82.

nahm er dieses zum Vorwand und sprach von unächten Zusätzen 2).

Vergleicht man aber des Philo Arbeit, und insbesondere den Unterricht in dem ersten Zimmer, mit der in dem Nachtrag der Originalschriften 3) enthaltenen und bisher so oft angezognen Anrede: so wird man nur wenig Zusätze finden, die von Bedeutung sind. Ich will sie hersetzen, damit sie der Leser mit einem Blick übersehen könne.

Nach den Worten der Anrede: *deren Befriedigung sie nur durch ihn erhalten können* 4) steht hier im Unterricht der Zusatz, der freylich aus der Luft gegriffen zu seyn scheint: „Es ist unbeschreiblich, wie fest dieß unbedeutend scheinende Band ist. Brod, Tabak, Caffe, Brandwein und dergl. sind die kräftigsten Maschinen des Despoten, wenn er seine schwere Hand darauf legt." Nach den Worten der Anrede: *sehr natürlich* 5 heißt es im Unterricht: „Nun wird auch der, welcher an die Geheimnisse der gewöhnlichen christlichen, von den Pfaffen verunstalteten Religionen nicht glaubt, und welchem man gewisse darunter verborgene, noch größere Geheimnisse vorerst nicht enthüllen

2) l. c. S. 107.
3) 2. Abth. S. 44.
4) l. c. S. 88.
5) l. c. S. 106.

hüllen darf, doch kein Bedenken finden, Jesum den Erlöser und Heiland der Welt zu nennen."

Nach dem Wort der Anrede: angewandt 6) steht in dem Unterricht: "Da entstand dann das herrliche Ding, die Theologie, das Pfaffen- und Schurken-Regiment, das Pabstthum, der geistliche Despotismus."

Nach dem Wort der Anrede: unterdrückten 7) ist in dem Unterricht zugesetzt: "Und ein Mörder, Hurer und Betrüger, der Transsubstantiation glaubte, hatte ein besseres Schicksal, als der redliche tugendhafte, der unglücklicherweise nicht begreiffen konnte, wie ein Stück Mehlteig zugleich ein Stück Fleisch seyn konnte."

Spartacus hatte nebst den übrigen Areopagiten, als die Grade genehmigt wurden, hiergegen nichts erinnert; sondern das Einzige, was erinnert worden war, betraf die Cerimonien im Schottischen Rittergrad. Aber auch nachher, als er von unächten Zusätzen sprach, erklärte er sich nicht, welche dieselben seyen. Man hat also Grund zu glauben, er verstehe darunter die Cerimonien im Priestergrad, als gegen welche er sich allein und ausdrücklich erklärt hatte. Eigentlich war die ganze Anrede oder der Unterricht im ersten Zimmer durchaus anstößig und rebellisch. Wer diese ver-

---

6) Nachtr. 2. Abth. S. 114.
7) l. c. S. 111.

verdauen konnte, dem konnte es nicht schwer fallen, obige wenige Zusätze des Philo auch noch zu verdauen.

Doch scheint es, Spartacus habe auch verschiedne seiner eignen Aeußerungen für gefährlich angesehen: denn er sagt selbst 8) er sey beym ersten Aufsatz würklich zu grell gewesen. Meynt er diese mit, so war es unbillig den Philo allein zu beschuldigen. Ob er nun gleich damals von Abänderung sprach: so ist diese doch nicht vorgenommen worden, wenigstens bis auf den 2. Febr. 1785 nicht. Denn in dem Brief von diesem Dato an die Areopagiten 9) sagt er: Man solle dem Churfürsten vom Priestergrade nichts, als die Instruction in Scientificis vorlegen; und des Regentengrades gedenkt er gar nicht. Wäre in diesen beyden Graden, insonderheit in dem Priestergrad alles Anstößige ausgemerzt gewesen, so würde er diese Grade, wenigstens demjenigen, dessen er gedenkt, ganz vorzulegen befohlen haben. Selbst in Ansehung jener Instruction erinnert er, sie müsse wohl durchgegangen werden, damit sie keine beziehende Stelle enthalte; und bey dem Illuminatus minor wollte er, das Wort: dummster Mönch sollte in: dummster Mensch verändert, und bey dem Illuminatus major, der wie der minor im übrigen ganz vorgelegt werden sollte, müßte die Stelle:

Pfaf=

---

8) Nachtrag, 1. Abth. S. 93.
9) l. c. S. 225.

Pfaffen und böse Fürsten stehen uns im Wege, ausgelassen werden. Aber der Priestergrad, die in demselben gleich vorangeschickten Fragen, vornemlich aber die Anrede, waren so durchaus mit anstößigen und rebellischen Sätzen angefüllt, daß man mit bloßer Abänderung oder Weglassung einzelner Stellen der Sache nicht helfen konnte; und daher konnte man ihn auch nicht vorlegen. Hr. Weishaupt widerspricht sich also selbst, wenn er in dem Nachtrag zu seiner Rechtfertigung vorgiebt 1): Er habe das ganze System mit einigen unbedeutenden Abänderungen dem Churfürsten vorzulegen befohlen.

Diesem steht nicht entgegen, daß Philo erzählt 2) Spartacus habe neue Grade bald nachher, als nemlich Philo die seinigen zurückerhalten und ausgetheilt hatte, eingeführt. „Spartacus, sagt er, fieng an hinter meinem Rücken her mit den von mir angesetzten Obern und andern einzelnen Mitgliedern Briefe zu wechseln; sich nicht undeutlich gegen sie merken zu lassen, daß er der Stifter und Chef des Ganzen sey; seine neuen Grade hie und da durch diese Leute einzuführen; und da diese Verschiedenheit in den Graden Einige stutzig machte: so ließ man unter der Hand das Gespräch entstehen, als müsse ich wohl die Grade verfälscht haben, die aus Bayern ge-

---

1) Nachtrag, 1. Abth. S. 70.
2) Erklär. S. 130.

geschickten hingegen ächt seyn, weil von daher bekanntlich der Orden zuerst in unsre Gegenden gekommen sey." Dieses alles konnte geschehen, ohne daß auch ein einziger wesentlicher Grundsatz geändert worden wäre. Spartacus durfte nur die Cerimonien eines Grades, von welchen er ohnedem kein Freund war, theils weglassen, theils abändern, und hie und da etwas anderst einkleiden: so war die Verschiedenheit offenbar; und dann folgte es von selbst, daß der Verdacht der Verfälschung auf den Philo fallen muste: denn für Verfälschung konnte man es ansehen, wenn, obgleich die Hauptgrundsätze stehen geblieben, auch nur Einiges in seinen Graden anderst lautete, als in denen, welche unmittelbar aus Bayern gekommen waren.

Spartacus sah hinten nach wohl ein, welchen Nachtheil ihm der Priestergrad, und vornemlich die Anrede bringen muste. Er suchte sich daher wegen derselben auf alle mögliche Art zu rechtfertigen, nahm etwas weniges, wiewohl blos zum Schein zurück, vertheidigte aber das Uebrige mit seichten Gründen und mit auf Schrauben gesetzten Aeußerungen. Dieses geschah in dem unter seinem weltlichen Nahmen erschienenen Nachtrag zur Rechtfertigung seiner Absichten, 8. Frankfurt und Leipzig 1787, zu einer Zeit wo Philo seine Erklärung noch nicht herausgegeben hatte, und manches vor dem Publico noch nicht ins Licht gestellt war.

„Ich

„Ich wende mich, sagt er 3) nun zu dem vierten Document [in dem Nachtrag der Originalschriften 2. Abth.] Es führt den Titel: Anrede an den neuaufzunehmenden Illuminatus dirigens. Dieser Aufsatz ist kein Grad: er enthält blos allein einige gesammelte, flüchtig hingeworfene Ideen zu einem Grade, der erst entworfen werden sollte, aus welchen auch würklich der Priestergrad entstanden ist. Die Geschichte davon ist in den Briefen, besonders S. 104 f. enthalten. [Es sind Philo's Briefe gemeynt, in dem Nachtrag, 1. Abth.] Aus diesem erscheint, daß diese meine Materialien an Philo zur Einkleidung und Bearbeitung geschickt worden: daß solches von ihm würklich geschehen sey: daß sein Aufsatz unter den Mitwissenden circulirt habe, um die nöthigen Erinnerungen beyzusetzen, und beliebige Abänderungen zu treffen: daß darüber große Streitigkeiten und Spaltungen entstanden sind: daß man solchen gewaltig ausgemustert und durchstrichen habe: daß also der neue Grad eine von der vorigen ganz verschiedne ungleich gemäßigtere Form müsse erhalten haben, und nach solcher durch den Orden vertheilt worden sey."

Hier läßt Spartacus vieles weg, was der Sache eine ganz andere Gestalt giebt. Es gab freylich Streitigkeiten, aber

---

3) Erklär. S. 72.

aber nur mit Mahomet, dessen Abänderung Spartacus selbst nicht billigte. Die Spaltung und der Abtritt des Philo erfolgte erst nachher, als Spartacus selbst und die Areopagiten die Arbeiten des Philo genehmigt hatten, und Spartacus hinten drein Neuerungen vornahm. Der Grad des Philo war durch den Orden vertheilt worden. Nachher ließ Spartacus einen neuen Grad zwar hie und da vertheilen; aber die Abänderungen betraffen die Grundsätze nicht eigentlich. Den neuen Grad machte Spartacus auch jetzt [1787] noch nicht bekannt; und doch würde er, wenn er so unverfänglich gewesen wäre, als er insinuiren will, dadurch alle Einwürfe auf einmahl gehoben haben. Er führt zwar 4) Stellen aus einem neuen Aufsatz an, den er schon 1783 verfertigt haben will. Allein diese machen nur den Anfang des Aufsatzes aus, von welchem man nicht geradezu auf das Folgende, und auf das Ganze schließen kan. Wenn auch das 5) Stück schon 1783 würklich verfaßt worden: so war doch das Ganze noch nicht ausgearbeitet. Denn 1787 als Er den Nachtrag zu seiner Rechtfertigung schrieb, war es noch nicht einmal völlig fertig 6). Wäre der ganze Aufsatz verfaßt gewesen: so würde er, wie schon erinnert worden, nicht befohlen haben, dem Churfürsten von dem Priestergrad nichts, nichts weiter

4) S. 89.
5) S. 89. u. f.
6) l. c.

weiter als die Instruction in Scientificis, und diese selbst mit Ausnahme der beziehenden Stellen vorzulegen, da er den ganzen neuen Grad so leicht hätte können vorlegen lassen, und welcher, als einer der höchsten und letzten Grade, um so entscheidender bewiesen haben würde, daß, wenn ja etwas in den niedern Graden hätte bedenklich scheinen können, solches am Ende deutlicher entwickelt und gehoben worden wäre. Zwar giebt Er vor: er habe die Anrede im Priestergrad blos um deswillen vorzulegen verboten, weil die darinn enthaltene Geschichte des menschlichen Geschlechts durch eine spätere besser gerathene Geschichte [in dem vorhin gedachten Aufsatz] ersetzt und dadurch abolirt worden 7). Allein diese neue Geschichte hatte er ja eben so wenig vorzulegen befohlen.

Daß aber in dem neuen Grad die anstößigen Grundsätze ebenfalls beybehalten worden, erhellt noch mehr daher, daß Herr Weishaupt seinen ältern Grad, und seine sogenannte Anrede an den Illuminatus dirigens noch immer zu rechtfertigen sucht, dessen er sich ganz hätte überheben können, wenn es wahr gewesen wäre, daß man bey mehrerer Einsicht gänzlich von jenen Grundsätzen, auf welche hier alles ankommt, abgegangen und die Anrede in dem Priestergrad abolirt worden sey [S. 71.] Er erzählt davon weiter 8).

„Die=

---

7) Erklär. S. 71.
8) S. 73. u. f.

„Dieser Aufsatz, die oftgedachte Anrede nemlich, wurde bey mir durch folgende Umstände veranlaßt. Der Scottsche Rittergrad, welcher nach seiner ersten Gestalt nicht von meiner Arbeit ist, gegen welchen ich laut S. 67 dieser Briefe [im Nachtrag, 1. Abth.] protestirt habe, enthielt verschiedene theologische Aeußerungen und Winke: unter andern wurden darinn die Hieroglyphen der Freymaurerey auf das Christenthum gedeutet. Dieser Grad war nun in andern Provinzen schon eingeführt, und die Erklärung nicht sehr befriedigend. Geschehene Dinge konnte ich nicht ungeschehen machen. Ich muste also auf dieser einmal eingeführten Idee fortbauen und fortarbeiten, und durch einen folgenden Grad den gemachten Fehler in etwas gut machen."

Oder auch größer machen, wie es hier würklich der Fall ist. Denn daraus, daß die Hieroglyphen auf das Christenthum gedeutet werden konnten, folgt ohne weiteres noch nicht, daß es gerade so geschehen muste, daß die christliche Religion durchaus verfälscht, und noch weniger, daß behauptet wurde, Christus habe zum Absicht gehabt, die bürgerliche Verfassung der Staaten aufzuheben, die Fürsten entbehrlich zu machen, u. s. w. wie in den vorgeblichen Verbesserungen des Herrn Weishaupts geschieht. Uebrigens sagt derselbe kein Wort davon, das er die gedachte Anrede nachher [er schrieb doch erst 1787] schon für den Illuminatus dirigens, wie Philo oben geäußert hat, bestimmt

stimmt hätte, als welches auch um so weniger nöthig war, da er für diesen bereits eine andere Anrede, die in der Geschichte der Verfolgungen steht, aufgesetzt hatte. Aber er sagt auch nicht, warum die Ueberschrift in dieser Anrede für den Illuminatus dirigens lautet. Es bleibt daher die oben von mir hierüber vorgetragne Vermuthung noch immer die Wahrscheinlichste.

Er fährt in seiner Vertheidigung fort 9) und behauptet, die Idee, daß unter der Hülle der Freymaurerey das Christenthum verborgen liege, sey demselben nicht gefährlich. Nun wohl, je nachdem man sich hierüber erklärt. So wie Er und Philo sich aber erklärt hatten, war sie es allerdings: denn sie hob es ganz auf und ließ blos den Nahmen stehen. Ferner, daß wahrscheinlich die ersten Stifter der Freymaurerey die Absicht gehabt, durch diesen Weg für das Christenthum zu arbeiten. Hier fehlen die Beweise gänzlich; wäre es aber auch an dem, so kan hieraus die Unschädlichkeit dieser Meynung noch nicht dargethan werden. Eben dieses gilt von dem folgenden, wenn er sagt: Diese Idee sey nicht neu; mehrere Schriftsteller hätten diese Vermuthung schon vorlängst geäußert; und selbst viele Grade der Freymaurerey, und unter diesen der französische Rosenkreutzer-Grad enthalte wirklich eine ähnliche Erklärung. Noch weniger kan es helfen, wenn

er.

---

9) Erklär. S. 74.

er hinzusetzt: diese Erklärung sey besser, als die thörichten Auslegungen der Hieroglyphen auf Magie oder Alchemi, wodurch so viele tausend Menschen um nichts gebessert, und in ihren häußlichen Umständen verkürzt worden wären.

Auch war es bey ihm nicht Ueberzeugung. Er wollte 1), da in dem Orden der Freymaurer nemlich, über diesen Punct so verschieden gedacht wurde, diese Idee nur zu seiner Absicht nutzen, um die sich entgegen gesetzten Theile einander näher zu bringen, welches er einen glücklichen Gedanken nennt. Er wollte Freymaurer von allen Systemen an sich ziehen, diese Systeme, vornemlich das von de rstricten Observanz welches damals in Deutschland das Herrschende war, stürzen, eine sogenannte Ecclectische Maurerey einführen, und so mit allenhalben seinem Orden die Herrschaft verschaffen. Man sehe den Brief an Cato vom 11. Jan. 1783 2). „Ich habe, sagt er, im Sinn, ein System conföderirter Logen herzustellen, die besten Leute davon auszuforschen, und der stricten Observanz zuvor zukommen, und sie zu zerstören." Und bald hernach 3): „Das ist unser größtes Interesse, in die Freymaurerey eine Ecclectik einzuführen:

---

1) l. c. S. 75.
2) Nachtr. der Originalschriften, 1. Abth. S. 84. u. f.
3) l. c. S. 85. 86.

ren: und dann haben wir, was wir wollen." Philo der bereits lange vorher davon gewußt haben muste, und vielleicht selbst die erste Veranlassung zu diesen Gedanken gegeben haben mag, hat hierzu auch getreulich geholfen. In seinen Briefen an Cato 4) vom 20. Jan. bis zum 31. März 1783 worinn er seine Großthaten rühmt, sagt er 5): „Ich untergrub die stricte Observanz — ließ mich zu allem brauchen, schrieb gegen Jesuiten und Rosenkreutzer die mich nie beleidigt hatten." (Dieß geschah unter dem angenommnen Nahmen: Aloisius Majer. Zu dieser Schrift hat Spartacus der mit den Jesuiten bekannter war als Philo seyn konnte, wahrscheinlich auch Materialien hergegeben. In derselben wurde der erste Same zu dem Vorgeben ausgestreut, worüber hernach so viel Lärm entstanden ist: daß die Jesuiten sich hinter die Protestanten gesteckt hätten, daß sie protestantische Fürsten zum katholischen Glauben zu bekehren suchten, und daß selbst unter protestantischen Theologen heimliche Jesuiten verborgen seyen.) Er sagt weiter 6): „Er habe die stricte Observanz in Unordnung gebracht, die Besten daraus an sich gezogen, ihnen von der Würde des Illuminatenordens, von seiner Macht, seinem Alter, der Vortreflichkeit seiner Chefs, der Untadelhaftigkeit der höhern Mit=

---

4) Nachtr. der Originalschriften. 1. Abth. S. 99—129.
5) l. c. S. 101.
6) l. c. S. 112.

Mitglieder, der Wichtigkeit der Kenntnisse, und der Redlichkeit der Absichten große Begriffe gemacht."

Dennoch wuste er von vielen diesen Dingen das Gegentheil. Denn er spricht in dem nemlichen Brief 7) von der kleinen unbedeutenden Entstehung des Ordens, von dem Jesuitischen Charakter des Spartakus und seinen ehrgeitzigen Absichten, von der vergeblichen Hofnung auf Geheimnisse, von den schwachen Füßen, worauf das ganze Werk beruhe, von den Absichten gegen die Fürsten 8) von dem Joch, worinn Spartacus die Leute bringen wollte, welches ärger, als das Joch der Jesuiten sey, und von der Art, wie er die Menschen misbrauche 9). Demungeachtet will er, ob er gleich ausdrücklich sagt: er habe sich zu einer Maschine der Tyranney brauchen lassen, wofern Spartacus nur einigermaßen nachgeben wolle, dem Orden noch ferner anhängen, demselben wichtige Kenntnisse, weltliche Macht und Reichthum, großen Einfluß auf das Zinnendorfische System, und feste Gewalt über die stricte Observanz verschaffen, oder dieselbe vielmehr gänzlich zerstören 1). Er ist so gar so herablassend, daß er in einem eigends

an

---

7) l. c. S. 113.
8) l. c. S. 114.
9) l. c. S. 117.
1) l. c. S. 116.

an Spartacus gerichteten Brief, demselben dieses alles und noch mehr anbietet, als zum Exempel die ganze ächte Geschichte von Entstehung der Freymaurerey und Rosenkreuzerey, erstaunliche und einträgliche Naturgeheimnisse, Geld, einen freyen Handel und Privilegien in Dännemark, Holstein ꝛc. Vorschüsse dazu, eine mächtige Parthey gegen die Jesuiten und deutschen Rosenkreuzer 2). Und doch hatte er den Spartacus in dem Brief an Cato, worinn er den an Spartacus eingeschlossen hatte, nicht nur so häßlich abgeschildert, sondern diesem auch selbst manche Härtigkeit ins Angesicht gesagt!

Alles dieses stellte indessen, wie Philo selbst erzählt 3) das gute Vernehmen zwischen ihm und dem Spartacus nicht wieder her: sondern Letzterer arbeitete ohne ihn allein fort, und schloß mit seinen Anhängern den Eklectischen Freymaurerbund 4) ohne des Philo Wissen, ob dieser gleich das Project zu einem Circulare an die Logen dem Spartacus zugeschickt hatte 5). Hieraus ist dann nun leicht zu ersehen, wo die eklectische Maurerey, welche

---

2) Nachtrag der Originalschriften, 1. Abth. S. 121. 122.

3) Erklär. S. 133.

4) l. c. S. 132.

5) Nachtrag der Origin. 1. Abth. S. 110. 111. 210. wörtlich findet es sich, 2. Abth. S. 135—159.

che die stricte Observanz mit einmahl verdrängt hat, hergekommen sey!

Herr Weishaupt fährt fort seine oft gedachte Anrede zu vertheidigen, zum sichern Beweis, daß die darinn enthaltnen Grundsätze auch in seinem neuen Priestergrad beybehalten worden. Er sagt in dem Nachtrag zu seiner Rechtfertigung 6): „Wenn dieser Grad sonderbare und etwas kühnere Ideen enthält: so muß man bedenken, 1. daß er in dieser Form nicht ausgetheilt worden sey. [Auf die Form kommt wenig an, desto mehr auf die Materie; in dieser liegt das Gefährliche!] 2. daß es in einer geheimen Gesellschaft, zu einer Zeit, wo in unserer Welt weit kühnere Ideen öffentlich gedruckt, und von jedem gelesen werden, erlaubt seyn müsse, vorbereiteten, gegen den Misbrauch gesicherten Menschen, etwas mehr ins Ohr zu sagen, als in unsern Compendien enthalten ist. [Im Jahr 1782, worinn diese Anrede aufgesetzt worden, war in Deutschland meines Wissens, in Absicht auf Staaten und Obrigkeiten noch nichts gedruckt, das mit diesen in der That kühnen Ideen zu vergleichen wäre. Hr. Weishaupt hält sie noch im Jahr 1787 für richtig, und vertheidigt sie; nur wollte er sie den Leuten blos ins Ohr gesagt wissen, wodurch sie nur noch gefährlicher wurden. Freylich

6) S. 76.

stehen sie bis jetzt noch in keinen Compendien über das Naturrecht. Aber sie finden sich, vornemlich seit der französischen Revolution, in vielen Broschüren und Recensionen; und mit ein Wenig Anstrich von neuer Philosophie, werden sie auch bald in die Compendien kommen und jungen Studirenden öffentlich vorgetragen werden, wenn man die Schriftsteller, welche anfangen, das höchste Tribunal vorstellen zu wollen, ihr Wesen ungehindert fort treiben läßt]. 3. Man muß bedenken, welche Leute man vor sich hat, welche Erwartungen man zu befriedigen hat. Alle Mitglieder einer geheimen Gesellschaft erwarten etwas mehr, als sie in der Welt hören; sie erwarten mit Recht etwas Ausgezeichnetes und Großes, etwas, das nicht Jedermann weiß. Das wahre Große und Neue ist nicht so gleich bey der Hand, als man denkt. (Also muß man ihnen quid pro quo geben, es mag wahr seyn oder nicht, wie sich Philo oben ausgedrückt hatte.) Eben diese Schwierigkeiten, die hochgespannte Erwartung seiner Mitglieder zu befriedigen hat in der Maurerey alle diese chimärische Ideen, Aftergeburten und Grade über Grade zur Welt gebracht. Aus dieser Ursache verfiel man auf den Tempelherrnorden, Alchemie, Theosophie, Magie und andere Thorheiten. Die Maurerey ist die Schule, aus welcher diese Einfälle kommen, in welcher sie aufgewärmt und ausgeheckt wurden: alle in der Absicht, um die Erwartungen seiner Anhänger zu befriedigen. Ich wollte diesen Weg nicht gehen, ich wollte Menschen nicht noch mehr

mehr verderben, als sie würklich sind. Ich nützte also andre Ideen, welche der gesunden Vernunft und der Sittlichkeit unschädlicher waren." Es ist noch die Frage: ob Alchemie, Magie, Theosophie nicht unschädlicher waren, als die religiösen und politischen Grundsätze des Illuminatismus: denn daß die Idee von Wiedererneuerung des Tempelherrnordens, so wie man die Sache verstand, unschädlicher war, als das Weishauptische System, ist ohnedem offenbar. Aber welch eine Vertheidigung, wenn der Illuminatismus bloß unschädlicher war, als jene Ideen? Man muß darthun, daß er an sich selbst, keineswegs aber blos in Vergleichung mit andern Systemen, unschädlich sey!

Dieß sucht dann auch Hr. Weishaupt zu bewerkstelligen, indem er sich Mühe giebt zu beweisen, die Ideen welche die mehrgedachte Anrede enthält, seyen nicht gefährlich. Sie enthält aber nach Ihm folgendes: 1. eine Geschichte des menschlichen Geschlechts, 2. die uralte Lieblingsidee der Menschen von einem goldnen Weltalter, 3. die Anwendung, daß Christus durch seine Lehre die zweckmäßigsten Vorschriften gegeben, um zu diesem Zustand zu gelangen, 4. und endlich, daß sich dieser Sinn der christlichen Lehre durch die Freymaurerey erhalten habe 7).

Ueber die Geschichte des menschlichen Geschlechts mag jedermann träumen, wie es ihm beliebt. Ob es gleich

keine

---

7) Nachtrag der Orig. 1. Abth. S. 77 u. f.

keine Nothwendigkeit ist, das Gemählde nach Hrn. Weishaupts Ausdruck 8) mit so starken Farben aufzutragen. So bald man aber aus der Speculation herausgeht, und practische Folgerungen mit verbindet: so ist solches nicht mehr gleichgültig. Und dahin gehört die Behauptung, welche in der Anrede vorkommt, daß die Menschen dadurch, daß sie in die bürgerliche Gesellschaft getretten, ihre ursprüngliche Würde und Unschuld verlohren hätten, gefallen, und Sünder geworden seyen, u. s. f.

Eben so mag sich Jemand das goldne Weltalter nach seiner eignen Phantasie vorstellen. Macht er aber Anstalten, dasselbe wieder herbeyzuführen, es sey nun durch Gewalt, wie die ehemaligen Wiedertäufer, oder durch künstliche Mittel, wie die Illuminaten: so sollte man doch wohl fragen dürfen: Sind diese Anstalten, diese Mittel den Rechten ändrer Menschen nicht nachtheilig? Wird durch dieselben nicht etwa übel ärger gemacht? u. s. w.

Man kan in einem gewissen Sinn behaupten, daß Christus eine allgemeine Freyheit und Gleichheit gelehrt habe. Dehnt man aber dieses so weit aus, daß diese Gleichheit und Freyheit auch in der bürgerlichen Gesellschaft Statt haben müsse, als mit welcher Chimäre man

in

---

8) Nachtrag der Origin. 1. Abth. S. 78.

in Frankreich das gemeine Volk geblendet, und unsäglich
ches Unheil gestiftet hat: so kan diese Idee doch wohl
nicht unschädlich genannt werden. Man lehrte, die Moral
sey die Kunst die Fürsten zu entbehren, die Fürsten
von der Erde verschwinden und alle Staaten und bürgerliche
Verfassung aufhören zu machen 9). Und dieses
sollte nicht gefährlich seyn?

Zwar widerruft Hr. Weishaupt das Letztere gewissermaßen,
indem er sagt 1): „Ich glaube nun nicht mehr,
daß Fürsten und Nationen von der Erde dereinst verschwinden
werden, ich glaube nicht mehr, daß aller Unterschied
der Stände aufhören werde. Aber ich glaube,
daß Regenten ewig seyn werden: daß die oberste Gewalt
in die ihrer Bestimmung eigene Schranken werde gebracht
und gegen Misbrauch gesichert werden: daß die Gleichheit
mehr eine Gleichheit der Rechte, als Personen und
Stände seyn werde." Weniger konnte Hr. Weishaupt
nicht thun, als seinem nunmehrigen Landesherrn dieses
Compliment zu machen: Denn weiter ist es nichts! Es
würde unhöflich und ihm selbst gefährlich gewesen seyn,
das Alte hier zu wiederholen, da ihn ein Fürst gegen
einen andern in Schutz genommen hatte. Aber man
sieht wohl, was er sagen will: Es ist freylich nicht zu
er-

---

9) l. c. S. 93. 80.

1) Nachtrag zu Weishaupts Rechtfertigung. S. 8⁻.

erwarten, daß man die Fürsten vertilgen wird; aber man muß indessen thun, was man kan: man muß ihnen Schranken anweisen, ihnen die Hände binden, daß sie nichts ohne uns thun können." Gewaltsame Revolutionen wollte der Orden, wenigstens ursprünglich nicht brauchen; es ist vielmehr in der oftgedachten Anrede mehrmals gegen Gewalt protestirt worden. Dieses geschieht auch in dem Illuminatus major 2) und zwar gerade da, wo gesagt wurde, daß Pfaffen und Fürsten und die heutigen politischen Verfassungen dem Orden im Weg stünden. Man glaubte durch gelindere Wege, durch geheime Machinationen, seinen Zweck zu erreichen. Indeß sieht man leicht, daß die hier geäußerten und als wahr empfohlnen Grundsätze auch leicht darauf führen konnten, und wenn die Umstände günstig waren, beynahe nothwendig darauf führen mußten. Es bedurfte nur einen kleinen Windstoß um die unter der Asche glühenden Kohlen in Flammen zu setzen. Wie verfänglich ist es nicht, wenn selbst noch hier behauptet wird, es sey falsch, daß die Gewalt der Fürsten von Gott herrühre, die Majestät sey vielmehr bey dem Volk 3)? Gesetzt auch, daß beydes in einem gewissen Sinn wahr sey: wie leicht sind nicht dergleichen unbestimmte Aeußerungen zu misbrauchen? Und wie

---

2) S. Aechter Illuminat. S. 205.
3) Nachtr. zu Weishaupts Rechtfertigung. S. 49. 50.

wie sehr sind sie in den neuesten Zeiten würklich mißbraucht worden?

Wenn also Hr. Weishaupt die Grundsätze seiner ältern Anrede und des von Philo daraufgebauten Priestergrades noch im Jahr 1787 als unschädlich rechtfertigen will: wer kan glauben, daß er diese Grundsätze früher verlassen, und einem andern nicht blos in der Form, als wovon keine Frage ist, sondern auch in den Sachen selbst veränderten Grad verabfaßt habe, wie er versichert? Höchstens ist, nachdem er im Jahr 1785 (den 16. Febr.) 4) aus Ingolstadt abgegangen war, ein neuer Priester- und Regentengrad verfertigt worden. Denn bey diesem seinem Abgang waren sie, wie ich oben gezeigt habe, noch nicht verfaßt; ansonst er befohlen haben würde, diese dem Churfürsten vorzulegen. In diesen mag man nun freilich manches so gemildert haben, daß es beym ersten Anblick minder anstößig erschien; obgleich, wenn man die Sache genauer betrachte, die Lieblings-Ideen des Hrn. Weishaupts, die christliche Religion, wo nicht dem Nahmen nach, doch in der That, abzuschaffen, alles mit Illuminaten zu besetzen, durch diese die Dicasterien und Fürsten zu regieren, und überhaupt die ganze Welt nach seiner Art zu reformiren, welches er eine wohlthätige Idee nennt 5), doch wohl immer darunter verborgen;

4) Kandlers höchstnöthige Beylage. S. 19.
5) Nachtrag zu Weishaupts Rechtfertigung. S. 86.

borgen gewesen seyn mögen. Diese hat man denn auch den Vertrautern wohl mündlich näher erklärt; wogegen man den Uebrigen, denen man sich nicht so ganz eröfnen, aber doch auch die Beförderung zu diesen beyden höhern Graden nicht länger abschlagen konnte, durch veränderte Abschriften die Augen blendete. Denn daß dieses eine Maxime bey Hr. Weishaupt war, sagt er selbst 6) in einem Brief an A. — vom 15. März 1781. „Ich werde mich darunter machen, so bald ich die Cahiers erhalte, das ganze System [er versteht das ältere vor dem Münchner Receß vom 20. Dec. 1781 und ehe Philo diesem gemäß die Ausarbeitung übernommen hatte], umzuarbeiten. Es muß dann à la Iesuite keine einzige die Absicht auf Religion und Staat verrathende zweydeutige Zeile vorkommen." Würklich habe ich auch selbst ein Exemplar eines veränderten Priestergrades gesehen, worinn alles was auf Religion und Staatsverfassung Bezug hat, weggelassen war.

Eben dieses gilt von dem unter Herrn Weishaupts weltlichen Nahmen herausgekommnen so genannten verbesserten System der Illuminaten, mit allen seinen Einrichtungen und Graden, 8. Frankfurt und Leipzig [Nürnberg] in der Grattenauerischen Buchhandlung 1787, worauf er sich bereits in dem Nachtrag zu seiner Rechtfertigung bezieht, und wornach

6) Nachtrag der Originalschr. 1. Abth. S. 8.

nach er alles beurtheilt wissen will 7) wie er solches auch in der Vorrede verlangt. In dieser meldet er: Er habe schon einige dieser Grade vor den ausgebrochnen Stürmen und vor seinem Abgang aus Ingolstadt ausgearbeitet, und einigen Gliedern des Ordens in Bayern mitgetheilt; auch habe er das in seiner Apologie des Misvergnügens enthaltne System von dem Ursprung des Uebels, welches in der hier so genannten vierten Klasse 8) vorkommt, seinen Zuhörern öffentlich vorgetragen. So ein Werk, als das gegenwärtige lasse sich in einer so kurzen Zeit nicht ausarbeiten; müsse also vorher schon vorhanden gewesen seyn.

Allein die Stürme nahmen schon um die Mitte des Jahrs 1784 ihren Anfang. Denn obgleich zu Ende des Jahrs 1783 schon einige Mitglieder aus dem Orden ausgetretten waren, so erschien doch erst in der Mitte des Jahrs 1784 den 22. Junius das erste Churfürstliche Mandat gegen die geheime, von dem Landesherrn nicht bestättigte Gesellschaften; wobey aber noch keine namentlich genennt wurde. Die beyden folgenden Mandaten, in denen Freymaurer und Illuminaten mit Nahmen genennt wurden, sind vom 2. März und 16. August 1785 nach-

---

7) S. 9.
8) Verbessertes System. S. 206.

dem Hr. Weishaupt bereits von Ingolstadt weg war, als welches er den 16. Febr. 1785 selbst verlassen hatte. Von dem Ausbruch der Stürme bis zum Druck des verbesserten Systems sind wenigstens zwey Jahre verflossen. Und diese Zeit war für einen Mann, der so fertig schreiben konnte, wie Hr. Weishaupt, der den Kopf beständig mit diesen Ideen angefüllt hatte, und in seinem System lebte und webte, wohl hinlänglich, ein Werkchen von einem Alphabeth, selbst neben andern Schriften, die er inzwischen herausgab, und bey welchem schon so viel vorgearbeitet war, ohne große Mühe hervorzubringen.

Es war Grundsatz des Illuminatismus, daß der Zweck die Mittel heilige, oder, wie es auch glimpflicher ausgedrückt wurde: daß man die nemlichen Mittel zum Guten gebrauchen müsse, welche die Bösen zur Erreichung böser Absichten gebrauchten. Dieses macht die Versicherungen des Hrn. Weishaupts schon fornenweg verdächtig. Von der Güte und Vortreflichkeit seines Ordens war er überzeugt: was konnte ihn hindern ein falsches Vorgeben zu Hülfe zu nehmen, um den Orden als gut und unschädlich vorzustellen; hintennach ein gelinderes System zu erdenken, und der Welt vorzuspiegeln, es habe schon lange im Orden Statt gehabt? Er sagt selbst: einige dieser neuen Grade habe er einigen Mitgliedern in Bayern bereits vor den ausgebrochnen Stürmen mitgetheilt. Also waren diejenigen, welche hier geliefert werden, wohl noch nicht

alle

alle verfertigt; einige derselben sind also erst nachher erdacht worden. Auch nennt er die Glieder in Bayern, welche die neuen Grade erhalten haben sollen, nicht, und hält solches so gar für unnöthig. Hätte er gesagt, es dürfte ihnen Gefahr bringen, so hätte es sich noch hören lassen. Selbst der Umstand daß er verschiedenes öffentlich gelehrt habe, führt ganz natürlich auf den Gedanken, daß gerade dieses nicht eigentlich ein Gegenstand der geheimen Lehren in der Gesellschaft gewesen sondern erst hintennach hinein getragen worden sey. Denn es fällt doch fast ins Lächerliche, das Neuliche, was ein Lehrer in öffentlichen Vorlesungen vorträgt, auch in einer geheimen Gesellschaft, wo man nach seiner eignen Behauptung mehr erwartet 9) vorzubringen, als ein Geheimniß zu behandeln, und den Leuten das ins Ohr zu sagen, was man längst selbst auf den Dächern gepredigt hat!

Was aber völlig entscheidet, ist das Zeugniß des Philo, nebst der eignen anderwärtigen Aeußerung des Hrn. Weishaupts selbst. Nachdem Philo die Stücke nahmhaft gemacht hatte, welche in dem sogenannten ächten Illuminaten ganz richtig enthalten seyen, so setzt er hinzu 1): „Ich muß bey dieser Gelegenheit auch zugleich erinnern, daß das von dem Herrn Weishaupt herausgegebene

---

9) Nachtrag zu Weishaupts Rechtfertigung. S. 76.
1) Erklär. S. 96.

bene verbesserte System der Illuminaten Aufsätze enthält, die mir gänzlich fremd und so lange ich Mitglied dieser Gesellschaft war (das ist bis den 1. Julius 1784) 2) bey uns nicht eingeführt gewesen sind."

Er selbst, Hr. Weishaupt, macht in dem Schreiben an die Areopagiten vom 2. Febr. 1785 3) die Grade nahmhaft, welche dem Churfürsten vorgelegt werden sollten. Diese waren, 1. die Vorbereitung, 2. der Minervalgrad, 3. der Illuminatus minor, wo das Wort dummster Mönch in dummster Mensch verändert, 4. der Illuminatus major, wo die Stelle: Pfaffen und Fürsten stehen uns im Wege, ausgelassen, 5. der Illuminatus dirigens von welchem blos die Cerimonien und seine Anrede, 6. der Priestergrad, aber von diesem nur die Instructio in Scientificis jedoch mit Weglassung der beziehenden Stellen, und sonst überhaupt weiter nichts vorgezeigt werden sollte. Wofür sollten alle diese Grade vorgelegt werden, wenn sie damals schon abgeschaft, oder gänzlich umgearbeitet waren? War das verbesserte System schon vorhanden: so wäre man ja viel leichter und sicherer aus dem Gedräng gekommen, wenn man dieses vorzulegen beschlossen hätte. Wenigstens hätte man dieses in Absicht auf den Theil desselben der etwa fertig gewesen wäre, thun sollen: zumahl

2) Erklär. S. 136.
3) Nachtrag der Origin. S. 204.

mahl da man hierdurch die zu machenden Abänderungen in dem Illuminatus minor und major, welches, wenn es entdeckt worden wäre, der Sache außerordentlich geschadet haben würde, sich hätte ersparen können. Aber in dem ganzen Brief findet sich, so wenig als anderstwo vor dem Jahr 1787 die geringste Spur von diesem verbesserten System. Im Jahr 1786 erschien so wohl das Schreiben an Hrn. Utschneider, als auch die Geschichte der Verfolgungen der Illuminaten. Von beyden ist wahrscheinlich Hr. Weishaupt selbst Verfasser; wenigstens sind sie mit seinem Vorwissen herausgekommen; auch bezieht er sich auf letztere als auf eine glaubwürdige Schrift in dem Nachtrag zu seiner Rechtfertigung 4). Aber auch in diesen Büchern ist noch keine Spur von dem verbesserten System zu finden. Und wofür war es nöthig, dem Illuminatus minor, so wie er ehemals war, in jenen beyden Schriften wörtlich wieder abdrucken zu lassen, wenn derselbe in der Zwischenzeit abgeschaft, oder so gänzlich abgeändert worden, als er in dem verbesserten System erscheint, wo nur einige wenige Stellen aus demselben beybehalten worden, auch selbst die Benennung Illuminatus minor, eben so wenig, als die sonst übliche Benennung der übrigen Grade, nicht einmahl gebraucht? Selbst in der ebenfalls 1786 erschienenen Apologie der Illuminaten, zu welcher sich

Hr.

---

4) S. 48.

Hr. Weishaupt selbst als Verfasser bekennt 5), findet sich nichts von diesem verbesserten System, ob man gleich durch die vorläufige Berufung auf dasselbe so manchen Vorwürfen hätte entgehen können. Was kan man anders schließen, als daß dieses System damals noch gar nicht, selbst nicht einmal in Petto, existirte?

Indessen enthält dieses System doch im Grunde noch immer die alten Maximen und Projecte, so unschuldig solches demjenigen, der mit den vorhergehenden Schriften der Illuminaten nicht bekannt ist, auch scheinen möchte. Denn die Sachen sind die nemlichen; die Ausdrücke sind nur gemildert, und was gleich auf den ersten Anblick anstößig scheinen mußte, ist weggelassen, oder verdeckt worden. Noch immer werden die bisherigen Regierungen für unzulänglich ausgegeben 6) und behauptet, daß geheime Gesellschaften ihnen, auch ohne ihr Wissen und wider ihren Willen zu Hülfe kommen müßten 7). Noch immer wird über die Macht der Bösen geklagt, und eine Gesellschaft gewünscht, welche diesen die Macht nehmen, und solche den Tugendhaften beylegen sollte, damit diese den Bösen fürchterlich würden 8). Noch immer soll das ganze menschliche Geschlecht

---

5) Nachtrag der Origin. S. 211. vergl. mit S. 186.
6) Verbessertes System. S. 30. u. f.
7) l. c. S. 35. u. f.
8) l. c. S. 42. u. f.

der Illuminaten-Grade.

schlecht durch eine solche Gesellschaft gebessert und veredelt werden 9). Zwar soll dieses alles nur durch Aufklärung und Sittlichkeit geschehen, wie auch bereits in den vorhergehenden Schriften erinnert worden ist. Denn ein großer Theil der so betittelten Ideen über das Wesen und Einrichtung einer geheimen Gesellschaft, die sich gleich tornen in dem verbesserten System 1) befinden, sind in dem, in der Geschichte der Verfolgungen abgedruckten Illuminatus minor 2), vornemlich aber in der daselbst befindlichen abgeänderten Anrede an den Schottischen Ritter oder Illuminatus dirigens 3), einiges in der Apologie der Illuminaten 4) auch schon enthalten. Allein man weiß auch, daß es eine falsche Aufklärung giebt, welche alle positive Religion und alle monarchische Regierungen verdrängen will: so wie man sich auf Sittlichkeit und Moral ebenfalls zum Schein berufen und beyde nur als Mittel zu andern Absichten, z. E. zur Befriedigung seiner Herrschsucht gebrauchen kan, als worauf der vorgebliche Kosmopolitismus zuletzt hinaus lauft. Eben so weiß man, wer die Bösen in der Sprache der Illuminaten sind. Es sind alle, die nicht zu ihnen gehören,

9) l. c. S. 46.
1) l. c. S. 9—82.
2) Geschichte der Verfolg. S. 154—221.
3) l. c. S. 222—250.
4) Apologie der Illuminaten. S. 89. f. S. 124. u. f.

hören, oder sich wenigstens nicht von ihnen regieren lassen wollen.

Auch in Ansehung der positiven Religion hat Hr. Weishaupt in dem verbesserten System noch die alte Meynung, ob er sich gleich weit behutsamer, als ehedem, ausdrückt. Positive Religion ist ihm am Ende nichts als Vernunftreligion 5). „Der Orden, sagt er, muß, wenn er Menschen bessern will, Systeme haben, die für die bestrittene Lehre (von der Unsterblichkeit der Seele) einen befriedigenden Aufschluß geben, und jeden Zweifler an Offenbarung zurecht führen. Bey allen übrigen tritt die Religion in das Mittel; sie stellt allen die Sätze der Vernunft vor, erspart ihnen die Beweise derselben durch Autorität, und verkündigt solche als Aussprüche der Gottheit, um sich dabey zu beruhigen, und sie den Feinden seiner Ruhe als solche entgegen zu stellen; und insofern ist positive Religion eine wahre Wohlthat, ein wahres Bedürfniß des Menschen. So wie also gleich ursprünglich die Absicht war, die positive Religion herabzusetzen, so blieb dieselbe auch in dem verbesserten System. Schon im Jahr 1778 den 10. März sprach Hr. Weishaupt 6) von einer eignen Moral, Erziehung, Statistik und Religion, welche durch ihn und in dem Orden entstehen sollte.

---

5) Verbessertes System. S. 125.
6) Originalschriften. S. 217.

te. Nur wollte er stuffenweise zu Werk gegangen, und z. E. den Marius damals [den 17. März 1778] noch mit Religionsabsichten verschont wissen, weil sein Magen noch nicht gänzlich eingerichtet sey, diese starke Speise zu verdauen 7). Eben so war Philo gesinnt, wie die oben angeführten Stellen beweisen. In dem verbesserten System ließ man zwar die Erzählung weg, in der man Christo unter mehrern auch die Absicht, die bloße natürliche Religion einzuführen, fälschlich beygemessen hatte; weil man aus der Erfahrung wohl bemerkt haben mochte, wie anstößig dieses Manchem vorgekommen war. Man war also etwas vorsichtiger, sagte aber doch deutlich genug, daß die positive Religion nur insofern schätzbar sey, als sie die Lehren der Vernunft vortrage. Hieraus war dann der Schluß leicht zu machen, daß alles übrige keinen Werth habe, nicht von Gott herrühre, sondern menschlichen, allenfalls wohlgemeinten Absichten oder wohl gar dem Betrug seinen Ursprung zu verdanken habe.

Die großen Mysterien, welche nach dem Philo zwey Abtheilungen, den Magus und den Rex haben sollten 8), hat Philo nicht selbst ausgearbeitet, ob er gleich auch an der Ausarbeitung hatte Antheil nehmen wollen 9). Sie waren

7) Originalschriften. S. 223.
8) Nachtrag der Origin. 1. Abth. S. 108.
9) l. c. S. 102.

waren bey seinem Abtritt von dem Orden noch nicht gemacht 1) oder, wenn sie gemacht waren, so hatte man sie ihm, wegen der inzwischen entstandnen Mishelligkeiten, nicht communicirt. Doch muste er gar wohl, was ihr Hauptinhalt seyn sollte. „Man sollte in den höhern Mysterien, sagt er selbst 2) a. diese piam fraudem entdecken, nemlich das Vorgeben daß Christus blos die natürliche Religion gelehrt, und eine allgemeine Freyheit und Gleichheit habe einführen wollen, und daß dieser geheime Sinn seiner Lehre durch die Disciplina arcani und hernach durch die Freymaurerey fortgepflanzt worden wäre, als wovon unmittelbar vorher gesagt worden wäre 3), daß man dieses vorgeben wollte. Man sollte ferner, b. aus allen Schriften den Ursprung aller religiösen Lügen und deren Zusammenhang entwickeln [und also alle positive, vielleicht gar alle natürliche Religion als falsch vorstellen!] c. die Geschichte des Ordens erzählen."

Hr. Weishaupt hatte, wie seine Gewohnheit war, bereits vorläufig, und ehe noch die untern Grade im Reinen waren, an den größern Mysterien gearbeitet. Schon unterm 9. Junius 1782 gedenkt er in einem Brief an Cato eines

---

1) Erklär. S. 119.
2) Nachtr. der Origin. 1. Abth. S. 106.
3) l. c. S. 105.

eines Grades vom patriarchalischen Leben, der bey Celsus und Marius mit hundert Schlößern verwahrt sey 4). Vielleicht ist einiges davon in die Anrede des Priestergrades übertragen worden. Als Hr. Weishaupt diese Anrede eben ausgearbeitet hatte, und sichs in einem Brief an Cato ohne Datum zum Verdienst angerechnet hatte, daß er eine neue Religion, Staatsverfassung und Erklärung der so dunkeln Hieroglyphen in einem Grad so passend zusammengedrängt hätte, setzte er unmittelbar hinzu 5): „Man sollte glauben, es wäre das größte: und doch habe ich noch drey größere, ungleich wichtigere Grade für die höhern Mysterien schon fertig da liegen." [Was soll hier das Größere seyn? Im Priestergrad wurde das Christenthum abgeschaft, und die natürliche Religion an die Stelle desselben gesetzt: was bleibt größeres übrig, als daß in den höhern Mysterien auch die natürliche Religion abgeschaft, und nach Philo's Ausdruck für eine Lüge erklärt wurde?] Doch wollte Hr. Weishaupt mit diesen wichtigen Graden behutsam seyn, sie für sich behalten, und sie blos allein bene meritis ertheilen, es möchten solche Areopagiten seyn oder nicht 6). In einem andern Brief ebenfalls an Cato vom 22. Febr. ohne Jahr, wahrscheinlich aber von 1782 und also noch früher, als der vorhin angezogte Brief

4) Nachtrag der Origin. 1. Abth. S. 41.
5) l. c. S. 69.
6) l. c. S. 69.

Brief vom 9. Junius 1782 geschrieben ist [denn von 1783 kan er nicht wohl seyn, wie der gleich hernach anzuführende Brief vom 3. Febr. 1783 wahrscheinlich macht] sagt Hr. Weishaupt 7): „Wenn sie hier bey mir wären, so würde ich Ihnen meinen Grad ohne Anstand ertheilen. — Aber aus Händen gebe ich diesen Grad nicht, er ist gar zu wichtig: er ist der Schlüssel zur alten so wohl als neuen Geschichte, zur Religion und zu jeder Staatsverfassung in der Welt." Auch von diesem dürfte wohl einiges in den Priestergrad eingeschaltet worden seyn. Unterm 3. Febr. 1783 schrieb Hr. Weishaupt abermals an Cato, und nachdem er sich über des Philo Priestergrad, vornemlich aber über dessen Schottischen Rittergrad, und dann über den auch von ihm verfertigten Regentengrad aufgehalten hatte, so setzt er unmittelbar hinzu 8): Ueber diesen hinaus habe ich noch vier Grade schon componirt, wo gegen den schlechtesten der Priestergrad Kinderspiel seyn soll; doch theile ich sie Niemand mit, bis ich sehe, wie die Sache geht, und wer es verdient: lasse mir auch nichts darinn corrigiren."

Obgleich hier bald von einem, bald von dreyen bald von vier Graden die Rede ist: so hat Hr. Weishaupt

---

7) Nachtrag der Originalschr. 1. Abth. S. 71. 72.
8) l. c. S. 95.

haupt doch, nachdem er mit sich selbst einig geworden, alles in zwey Grade gebracht, wie es auch Philo vorhatte. Denn unterm 18. December 1784 gedenkt er in einem Brief an M. nur zween seiner Grade von den höchsten Mysterien 9). Diese Mysterien waren also wenigstens damals fertig.

Nach diesen beyden Graden wird indeß Niemand recipirt: auch werden sie nicht schriftlich, sondern blos den Auserwählten zum Lesen communicirt; daher sie dann auch hier nicht gedruckt mitgetheilt werden können.

Der erste, welcher Magus auch Philosophus heißt, enthält Spinozistische Grundsätze, nach welchen Alles materiell, Gott und die Welt einerley, alle Religion unstatthaft und eine Erfindung herrsüchtiger Menschen ist. (Dieses konnte man aus den vorhin angeführten Aeußerungen des Philo und des Spartacus schon im voraus einigermaßen vermuthen).

Der zweyte, Rex genannt, lehrt, daß ein jeder Bauer, Bürger und Hausvater ein Souverain sey, wie es in dem patriarchalischen Leben, auf welches die Leute wieder zurückgebracht werden müssen, gewesen sey; und daß folglich alle Obrigkeit wegfallen müsse.

Diese beyden Grade habe auch ich, der ich in dem Orden alles durchgegangen bin, selbst gelesen. Indessen
könnte

---

9) l. c. S. 223.

könnte mir doch vielleicht entgegen gesetzt werden, daß Hr. Weishaupt in dem vorhin angezognen Brief vom 18. Dec. 1784 sagt 1): „Wenns zur Inquisition kommen sollte, so rathe ich, soll sich keiner von den Häuptern ad Specialia einlassen, sondern sich gerade hin declariren, sie werden sich durch keinen Zwang in der Welt zwingen lassen, jemand anderm die nöthige Eröfnung zu machen, als dem Churfürsten selbst. Diesem soll man sodann meine zween Grade von den höchsten Mysterien zu lesen geben. Ich wenigstens werde es so machen, wenn die Frage an mich kommt. Sie sollen sehen, was die Sache auf einmal eine uns günstige unerwartete Wendung nehmen wird. Sie haben selbst gelesen, was D. — — von dem ersten Grade geurtheilt: und ich bin versichert, der Churfürst urtheilt ein Gleiches."

Unmöglich kan Hr Weishaupt die beyden Grade der großen Mysterien, welche ich in Händen gehabt und gelesen habe, dem Churfürsten haben vorlegen wollen. Es muß also ein andres, à la Iesuite, wie es oben hieß, eingerichtetes Exemplar vorhanden gewesen seyn, das nur zum Schein und in der Absicht verfertigt worden ist, theils um gutmüthige Leute, welchen man die großen Mysterien einzusehen aus andern Gründen nicht wohl abschlagen konnte, zu hintergehen, so wie man zu diesem Endzweck auch

---

1) Nachtr. der Origin. 1. Abth. S. 223.

auch einen gedoppelten Priestergrad verfaßt hatte, theils um bey einer Inquisition, die man nach dem den 22. Jun. 1784 ergangnen Churfürstlichen Mandat voraussehen konnte, sich desto leichter herauszuwickeln. Indeß muß Hr. Weishaupt doch auch diesen veränderten und unächten Graden nicht völlig getraut, oder befürchtet haben, die ächten Grade möchten doch wohl auch entdeckt werden, und diese Doppelzüngigkeit ihm und seinen Anhängern nur um desto theurer zu stehen kommen. Denn in einem folgenden Brief an die Areopagiten vom 2. Febr. 1785 hat er seine Meynung geändert 2). Er macht alle Grade nahmhaft, welche dem Churfürsten, und bestimmt, wie viel von einem jeden demselben vorgelegt werden solle; gedenkt aber dabey mit keinem Wort jener zween Grade der höchsten Mysterien, so wenig als er des auch unstreitig vorhandnen Regentengrades gedenkt; woraus also von selbst folgt, daß ob er gleich 14 Tage vorher Willens gewesen, die zween Grade vorzulegen, er sie nun, und nach reiferer Ueberlegung, nicht vorgelegt haben wollte.

Kaum ist es zum Schluß noch nöthig zu erinnern, da es aus dem vorhergehenden klar ist, daß sowohl Spartacus, als Philo die auf Churfürstlichen Befehl herausgegebenen Originalschriften und deren Nachtrag,

aus

---

2) Nachtrag der Originalschr. 1. Abth. S. 204.

aus welchen beyde so oft selbst Beweise hernehmen, für ächt anerkannt haben. Was in denen im Nachtrag enthaltenen Briefen des Philo und in dessen Endlichen Erklärung von Hr. Weishaupt erzählt wird, ist ebenfalls als glaubwürdig anzusehen. Denn dieser beruft sich, wie oben gemeldet worden, selbst auf die Briefe des Philo, und was die Endliche Erklärung betrift, so hat Hr. Weishaupt derselben, ob sie gleich schon 1788 erschienen ist, bisher auch noch nicht das Geringste entgegen gesetzt.

Daß Philo, oder der Freyherr von Knigge seit seinem Abgang von dem Orden, wie er versichert 3) nicht den mindesten Antheil weiter an demselben genommen habe, kan man ihm glauben. Dennoch hat er nicht unterlassen, die in dem Orden üblichen so wohl religiösen als politischen Grundsätze theils zu beschönigen, theils weiter auszubreiten. Solches beweisen nicht nur die Endliche Erklärung selbst, sondern auch einige seiner neuesten Schriften, namentlich seine so betittelte: Papiere des Herrn Etatsraths von Schaafskopf, und sein politisches, ihm von Niemanden abgefordertes, Glaubensbekenntniß.

Auch Hr. Weishaupt versichert, so sehr er es bedauert, daß er in dem Lauf seiner Arbeiten unterbrochen

---

3) Erklär. S. 139.

chen worden; der Gedanke an eine weitere Fortsetzung des Ordens sey bey ihm gänzlich erloschen 4); ja er hält die Ausführung seines Plans, weil er nunmehr entdeckt sey, für unthunlich 5). Seit seinem Nachtrag von 1787 hat er auch über den Orden nichts weiter mehr im Druck herausgegeben. Ob er aber, freylich nicht mehr in der alten Form, nachher nicht noch ins Geheim fort operirt habe, oder bey der sogenannten, hauptsächlich von D. Bahrdt projectirten Deutschen Union, hinter dem Vorhang gestanden sey, lasse ich dahin gestellt seyn. War er bey dieser Union auch nicht geschäftig, so waren es doch andre Illuminaten, wie aus Bahrdts eigner Erzählung von der Union erhellt, die in dem von ihm so betittelten Werkchen: Geschichte und Tagebuch meines Gefängnisses, 8. Berlin 1790, befindlich ist.

So viel bleibt gewiß, daß nicht nur die Grundsätze der Illuminaten in Absicht auf die Religion und den Staat, in unzähligen Schriften und Recensionen ferner ausgebreitet worden, und bey einer jeden Gelegenheit, freylich ohne die Quelle zu nennen, die auch Mancher vielleicht selbst nicht einmal wuste, noch gegenwärtig ausgebreitet und in die ganze deutsche Lesewelt und zuletzt

4) Verbessert. System. Einleit. S. 6.
5) Nachtrag zu Weishaupts Rechtfertigung. S. 59.

jetzt bis unter die gemeinen Bürger und Bauern ausgestreut werden; sondern auch, daß einzelne Illuminaten, für sich allein, oder auch auf Befehl ihrer, andern Leuten nicht bekannten, Obern, sich in andre geheime Gesellschaften einmischen und gegen die Religion und die monarchischen Regierungen noch immer fortarbeiten, wovon in der Vorrede ein auffallendes Exempel angeführt worden.